AF368832

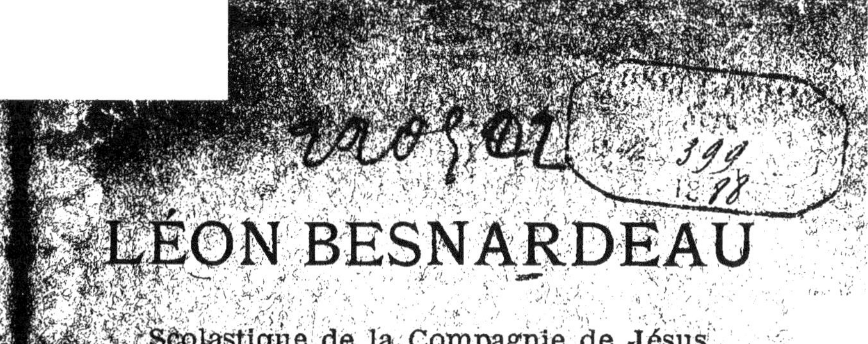

LÉON BESNARDEAU

Scolastique de la Compagnie de Jésus

1862–1886

PAR LE

R. P. G. LONGHAYE

de la même Compagnie.

« Jésus, mon tout !.... »
(Dernière parole.

PARIS

RETAUX-BRAY, Libraire-Éditeur

82, RUE BONAPARTE, 82

1888

LÉON BESNARDEAU

LÉON BESNARDEAU

Scolastique de la Compagnie de Jésus

1862–1886

PAR LE

R. P. G. LONGHAYE

de la même Compagnie.

« Jésus, mon tout !.... »
(Dernière parole.)

PARIS

RETAUX-BRAY, Libraire-Éditeur

82, RUE BONAPARTE, 82

1888

*S*I l'action extérieure était le meilleur titre au souvenir, le Frère Léon Besnardeau n'aurait pas de biographie. S'il ne fallait d'ailleurs que dessiner assez exactement cette figure aimable et pieuse, quelques pages suffiraient. Mais les meilleurs juges ont pensé que, à plus d'un égard, ce serait trop peu : — trop peu pour l'honneur des prédilections divines sur cet enfant et de sa fidélité courageuse ; — trop peu pour l'estime de ceux qui l'ont vu vivre, pour la vénération de ceux qui l'ont vu mourir ; — trop peu surtout pour l'édification pratique, pour l'émulation active que son exemple est bien capable de provoquer, Dieu aidant.

On a dans ce dernier mot toute la raison d'être du présent travail, ce qui en mesure l'étendue, ce qui en a réglé l'ordonnance.

Il s'agit moins d'une vie à conter que d'une physionomie à reproduire. Je rappellerai donc brièvement *les faits, en manière d'introduction ou de cadre ; après quoi je m'attacherai à étudier l'âme, d'abord dans ses rapports avec celles qui l'entouraient, puis dans ses relations intimes avec Dieu lui-même. Ce sera, si je ne me trompe, la saisir par les deux côtés saillants. Si le F. Besnardeau a mérité de survivre, c'est, avant tout, parce qu'il fut un modèle de charité envers ses Frères et d'amour passionné pour la Personne adorable de Notre-Seigneur Jésus-Christ. Ces deux traits mis en lumière, on aura le principal de la ressemblance, et il restera d'achever le portrait par le récit d'une mort singulièrement belle. Tel est le plan de ces souvenirs.*

Souvenirs d'une authenticité absolue. Le biographe n'aura été ici que le collaborateur, le secrétaire de nombreux témoins qui retrouveront dans son œuvre leur pensée exacte et jusqu'à leurs expressions. Ajoutons que le F. Besnardeau sera lui-même le premier de ces témoins et, à vrai dire, l'auteur principal de ce volume, ses notes spirituelles en faisant la meilleure part et comme la fleur. Outre les larges extraits disséminés au cours du récit, on trouvera réunies en appendice quelques pièces trop étendues pour trouver place ailleurs et trop utiles pour être omises.

Souvenirs absolument authentiques, souvenirs d'ailleurs complets, autant que possible, ce qui est pour leur assurer une vérité, une efficacité plus entières. Au risque de faire sourire ou d'étonner çà et là, j'ai souhaité de rendre telle quelle cette physionomie sainte-

ment originale. Et pourquoi craindre de mettre en saillie les traits d'exception, les singularités légères, les menues épreuves? Le portrait serait-il plus édifiant avec des contours vagues et des couleurs éteintes qui en feraient quelque chose comme le type abstrait de la perfection religieuse chez un jeune homme? Au contraire, n'est-ce pas de la vérité pleinement accusée qu'il faut attendre l'édification, laquelle est, encore une fois, tout le but?

On l'entend du reste, ces pages ne s'adressent pas également à tout le monde. Elles appartiennent d'abord aux Novices et aux Scolastiques de la Compagnie de Jésus ; après eux, à tous les apprentis de la vie parfaite. Me trompé-je d'ailleurs en croyant qu'aux plus avancés elles offriront d'utiles exemples, et que, plus généralement encore, toute âme qui connaît Dieu trouvera là mieux qu'un saint plaisir?

Slough, Angleterre, 15 août 1888.

PREMIÈRE PARTIE

Esquisse biographique.

I

LÉON Besnardeau naquit à Saint-Berthevin, près Laval, le 27 décembre 1862, en la fête de saint Jean, le disciple que JÉSUS aimait. Il fut baptisé le surlendemain 29, et c'est à pareil jour qu'il devait mourir vingt-quatre ans plus tard.

Il naissait d'ailleurs si faible que sa mère, en suppliant DIEU de le laisser vivre, le lui consacra par avance autant qu'il était en elle. Quand la vocation vint à son heure, le souvenir de cette première offrande fut d'un grand poids pour incliner les parents à consentir.

Ils se fixèrent bientôt à Sillé-le-Guillaume. Là s'écoula l'enfance de Léon, enfance toute simple et pieuse. Lui-même nous a conservé un seul détail et qui n'est pas sans grâce. Après certaines mutineries, il arriva que sa mère l'attacha par un fil au bas de la rampe de l'escalier, et le captif respectait son lien par docilité sans doute plus que par imagination.

Un peu plus tard, devenu enfant de chœur et fort zélé pour cet office, il y ressentit la première touche sensible de DIEU. C'était le 25 décembre 1873, à la

messe de minuit ; Léon allait avoir onze ans. Il a
conté que, assis à son petit tabouret devant la stalle
de M. le curé, il se trouvait, cette nuit-là, la voix
plus belle et surtout le cœur saisi d'un transport tout
nouveau pour lui. « Noël me faisait penser à ma
vocation, » dit-il ; puis, se demandant qui remuait
ainsi son âme, il se répondit à lui-même comme par
une découverte soudaine: « Eh ! c'est le petit JÉSUS. »
Il venait de pressentir à la fois et son futur genre de
vie et sa dévotion privilégiée. Cette même année
1873 fut celle de sa première communion.

Il suivait alors comme externe les classes du petit
collège de Sillé. D'instinct, les meilleurs de ses camarades s'étaient groupés autour de lui : premières
sympathies qu'il n'oubliera jamais dans ses prières.

Or, il y avait deux ou trois ans déjà que M. le
curé de Sillé avait dit : « Léon est un enfant d'élite;
il serait à désirer que les Jésuites formassent son
cœur. » De son côté, l'écolier avait ouï parler de
leur collège de Sainte-Croix au Mans, et il désirait
y aller, sentant le besoin d'une direction plus complètement pieuse et toute sacerdotale. Mais la situation de sa famille rendait la chose difficile. Une
délicate intervention obtint les allégements nécessaires ; grâce à une noble dame qui connaissait la
famille Besnardeau et qui avait ses propres enfants
à Sainte-Croix, Léon put y être admis.

Jamais il ne fit mystère du bienfait auquel il

devait, avec sa seconde éducation, sa vocation religieuse. Au collège, il vivait sur le pied de l'égalité commune avec les fils de sa protectrice ; chez elle, aux jours de sortie, il eût voulu se comporter comme leur inférieur, si elle-même n'y eût mis ordre. Au moins le surprit-on quelquefois, en pareille occurrence, à cacher ses décorations, pour ne point humilier ces enfants moins favorisés du succès. Jusqu'à la fin il entretint avec leur mère la plus affectueuse correspondance. Il lui écrivait d'Aberdovey, dans le pays de Galles : « Quand je songe que c'est à vous après Dieu que je dois ma vocation et les trésors que j'y ai trouvés, surtout cet exil béni, je ne sais vous dire qu'une chose : Merci et puis encore merci. Enfin ma reconnaissance se change en une prière pour vous au pied du Tabernacle. » (30 décembre 1882.)

II

Léon Besnardeau entrait à Sainte-Croix en quatrième ; c'était en 1876, à Pâques. Il devait passer trois ans et demi dans cette maison, qui était dès lors et reste encore aujourd'hui, malgré les orages, un lieu de spéciale bénédiction.

Ceux qui le reçurent au seuil n'ont pas oublié l'impression qu'il leur fit tout d'abord. Ils voient encore ce petit enfant à l'air artiste, aux longs cheveux blonds et plats, en veste grise, une boîte de

violon à la main, parlant peu, mais, comme s'il marchait de découverte en découverte, promenant de
tous côtés ses grands yeux bleus et francs à ravir.
Tout en lui disait l'innocence, la candeur parfaite,
et rien dans la suite ne démentit ces apparences du
premier moment.

« Au collège, témoigne un Père qui fut son directeur de Congrégation, sa modestie, sa grande piété,
sa douceur angélique, me firent penser bien souvent
à saint Louis de Gonzague.» — Plus tard, on le comparera volontiers à Berchmans. — Dès lors, la piété
ne lui était pas chose nouvelle, mais à Sainte-Croix
elle s'épanouit largement. Je lis dans ses notes qu'il en
vint à communier deux et trois fois par semaine, et
l'on savait qu'à certaines grandes sorties où il pouvait aller jusqu'à Sillé, il partait à jeun afin de
s'approcher de la Sainte Table avec sa mère. Des
condisciples instruits du fait criaient à l'exagération, mais l'enfant laissait dire : c'est ainsi qu'il
comprenait ses jours de joie et de repos.

Ce n'était point d'ailleurs une piété molle et de
pur sentiment. Le même Père, que je citais tout à
l'heure. parle de ses vertus déjà si belles, de la rare
énergie qu'il déploya pour sa sanctification. « Il ne
faudrait pas croire, ajoute-t-il, que, même au collège,
notre cher Frère Léon ne rencontrât pas bien des
difficultés. » Puis il rappelle les entretiens intimes
où le congréganiste, fort converti déjà, lui faisait

part de ses projets de conversion, de ses plans
d'avenir, de ses industries pour le bien, car Léon
était apôtre dès le collège, apôtre de fait et d'intention réfléchie. Ainsi commençaient à se dessiner tous
les traits de sa vocation future.

Énergique et pieux, comment n'eût-il pas été tra-
vailleur? Au début même, quelques-uns crurent voir
en lui moins de talent que d'effort et de diligence.
Mais ses succès, toujours honorables, devinrent
brillants sur la fin, et l'occasion viendra de montrer
que, dans cette heureuse nature, les dons de l'esprit
ne faisaient pas honte à ceux de l'âme. On voyait
poindre en lui le poète, et l'un de ses grands remords de ce temps-là est d'avoir employé certains
jours de sortie à faire des vers, au lieu de se donner
tout entier à sa famille. En même temps se déve-
loppaient ses rares facultés d'artiste, mais d'artiste
organisateur. Il secondait, avec le titre traditionnel
de *questeur*, le Père chargé de la musique, et celui-ci
loue hautement son calme, sa dextérité, sa précision.
Fort musicien lui-même, Léon s'essayait dès lors à
de petites compositions dont la régularité harmo-
nique étonnait son professeur.

Tant d'aimables qualités devaient lui créer parmi
ses condisciples des relations tout agréables. Il
semble pourtant que, dans les premiers jours, sa
naïve inexpérience lui ait valu quelques dédains. —
Mais s'il ignorait le monde, la hauteur et la pureté

de son âme lui faisaient une distinction du meilleur aloi. Délicatesse, tact, générosité de cœur, il avait de naissance tous ces dons que la grâce portera plus tard au comble. Et s'il est vrai que certains importants de collège l'aient humilié tout d'abord, la popularité lui vint par degrés,ou mieux encore, l'estime sérieuse et les amitiés cordiales.

Ici commence à paraître un des traits les plus accusés de son caractère. Peu de cœurs ont été à ce point affectueux et candides, mais d'une candeur hardie qui surprenait et déconcertait par moments la vigilance de ses maîtres. Sans se livrer à l'excès, il se liait vite, et quelquefois avec des enfants beaucoup plus jeunes, que sa charge de questeur de musique lui donnait lieu de fréquenter. Mais voici qui donnera la note exacte de ces relations exceptionnelles. « Pour Léon, dit un de ses camarades, c'était chose toute simple d'aller voir ses petits amis de quatrième division, mais, comme toujours, afin de leur faire du bien. Notons que le Père surveillant savait tout et voyait tout. C'était toujours sous ses yeux et en plein soleil que se passaient les visites. Mais le jour heureux entre tous était celui de la première communion. J'entends encore Léon me raconter ses joies et les merveilles de piété qu'il était allé recueillir chez ces chers petits anges au brassard blanc. » Lui-même écrivait plusieurs années après (1884) : « Cette fête de la première commu-

nion était mon meilleur jour au collège. Impossible
de voir sans pleurer ces âmes s'approcher de JÉSUS
avec une pureté angélique. A la messe, au salut,
toute la journée, je ne cessais d'en bénir DIEU. » Et
encore : « Lorsqu'on se trouve auprès d'un enfant
qui vient de faire sa première communion, on n'est
plus le même ; on se sent purifié, embaumé, comme
une étoffe où quelqu'un déposerait une fleur. On
regarde l'enfant avec vénération, et l'on trouve
même que c'est de l'audace. Il y a autour de lui une
blanche atmosphère d'innocence, une auréole de
paradis. Que JÉSUS est beau le jour de la première
communion, dans le cœur d'un petit enfant ! »

On voit quelle sympathie attirait Léon vers les
plus jeunes ; or, c'était bien la même qui rayonnait
de sa personne. En avait-il conscience ? Au moins
il se sentait aimé. A Sainte-Croix, il fut l'âme d'un
petit groupe où la piété était à l'ordre du jour, et où
les idées de vocation ne prenaient pas toujours la
peine de se cacher. Tel qui les voyait apparaître et
flairait un péril pour lui-même, se retirait, non sans
effroi ; mais c'était en vain, car il devait par la suite
succomber au même attrait avec l'honneur d'une plus
belle défense.

Quant à Léon, DIEU, en le conduisant à Sainte-
Croix, ne voulait que l'acheminer vers la Compagnie. Or, pour le mener au terme, il daigna le
prendre tout d'abord par cette ardeur d'affection

qui était l'un des côtés saillants de sa nature, et qui
en aurait pu être le côté faible sans la grâce et sans
une direction très ferme dont la trace authentique
est sous mes yeux.

Le jeune Religieux écrivait plus tard : « La
grande affaire de la vie, c'est de détacher son cœur
de toutes choses, de le porter tout entier vers JÉSUS
d'en faire JÉSUS le souverain maître, et, après cela
d'aimer tel ou tel que JÉSUS nous aura montrés du
doigt. » Or, celui même auquel il parlait de la sorte
lui avait bien été montré du doigt par JÉSUS presque
dès l'entrée à Sainte-Croix. Dès lors aussi commençaient des relations intimes où les deux vocations
puiseront une de leurs meilleures forces et que la
vie religieuse n'aura pas à rompre ni même à transformer. Nous les retrouverons plus tard en plein
épanouissement surnaturel, mais il convenait d'y
appuyer déjà quelque peu, car il y a là plus qu'un
épisode marquant dans la vie de Léon Besnardeau,
je veux dire un indice notable des voies de DIEU
sur les âmes.

Rapprochés par une charge commune, les deux
enfants avaient bien vite fait de se connaitre et de
se lier. On parlait beaucoup de l'avenir, on voulait
être zouaves du Pape, se dévouer à quelque grande
cause. Puis on se demandait mutuellement des
prières, on communiait côte à côte, après quoi l'on
se disait l'un à l'autre les consolations reçues. La

vocation était dans l'air sans qu'on osât encore s'en expliquer, chacun d'ailleurs brûlant de pénétrer le secret de l'autre. Enfin la glace fut rompue ; on fit l'effort de se communiquer certaines notes intimes dont on ne s'était d'abord montré que la couverture : Léon apprit que son ami voulait être Jésuite et lui souhaitait le même sort. De fait, les désirs étaient de part et d'autre à l'unisson et, à partir de ce moment, on n'eut pas de plus cher entretien. Les deux complices commençaient alors ensemble leur classe d'humanités. (Novembre 1877.)

Nous savons du Frère Besnardeau lui-même que la vocation de son ami avait été le premier stimulant de la sienne. « C'est de lui, écrit-il, que DIEU s'est servi pour m'amener au Noviciat. » (Note du 18 septembre 1881.) Deux ans plus tôt, et dès sa première grande retraite, il en bénissait Notre-Seigneur en ces termes : « Et les moyens dont votre grâce a usé ! je veux me les rappeler souvent pour y voir votre amour et votre condescendance. Il me fallait un ami : vous m'en avez donné un avec qui je résolus d'entrer au Noviciat et qui m'y a suivi réellement... Et depuis, quelle tendresse pour me cacher et me dévoiler à temps les sacrifices que je n'aurais pas encore pu porter ! Enfin la lumière se fait ; j'y succombe. Mais vous m'aimez tant, mon JÉSUS, que vous mettez sur mon chemin des Pères qui me soutiennent et me font soupçonner le bonheur qu'on a de vous servir. Enfin, je suis dans votre maison bénie, et j'aime maintenant tout ce qui auparavant m'effrayait. » (Décembre 1879.)

On en peut juger par ces dernières lignes : les desseins de DIEU n'avaient pas triomphé sans quelques combats, et d'ailleurs, si une pieuse amitié avait été l'occasion première du sacrifice, il est trop manifeste qu'elle n'en était ni n'en pouvait être la raison déterminante. Léon a pris soin de le marquer dans l'élection écrite qu'il dut faire en se présentant au Noviciat : « Le premier motif a été de ne pas me séparer de mon ami intime que je pensais devoir entrer dans la Compagnie. Avant d'en être assuré, je m'étais demandé si, même sans lui, j'aurais la force d'y entrer seul, et je m'étais répondu qu'avec la grâce de DIEU je le pourrais. »

Il ne faudrait pas croire non plus à une vocation de premier mouvement et d'enthousiasme. Le grand dessein mit deux années à mûrir. — En 1877, Léon conclut ses notes de retraite par une prière pour devenir un bon Jésuite si, comme il le pense, DIEU l'appelle à ce genre de vie. — L'année suivante, à la même époque, ce n'est pas encore la certitude absolue, mais le désir et l'espérance. Après avoir médité la possibilité d'une mort prochaine, il s'arrête au pressentiment contraire. « Je crois sentir, ô mon DIEU, que votre intention n'est pas de me rappeler à vous, comme tant d'autres, au premier âge de la vie. Non, j'espère et je crois fermement que je pourrai faire du bien en votre nom, que vous me réservez pour vous gagner des âmes. Je le désire, ô mon Maître ; faites que ce désir se fortifie en moi ! » Ce vœu devait être entendu, mais seulement à demi. La mort allait venir après sept ans d'un apostolat intime dont la valeur, fort appréciée de quelques âmes d'élite, n'est cependant bien connue que de Dieu seul.

Au cours de son année de rhétorique, Léon en était arrivé à la pleine certitude et à la pleine réso-lution. D'ailleurs, on ne jugea pas qu'il y eût lieu d'attendre davantage, et dès le 1ᵉʳ août 1879, nous le trouvons au Noviciat d'Angers. Il n'avait pas encore dix-sept ans.

Sa famille, encore bien qu'elle le sentît cruelle-ment, n'avait pas marchandé le sacrifice. On peut dire qu'il l'en récompensa par un redoublement de tendresse délicate et sainte. Chaque page de sa cor-respondance l'atteste, et nous en rencontrons çà et là des traces touchantes. Je me borne, pour le moment, à relever cette simple note, à propos de son aïeule morte après de cruelles épreuves : « Ma vocation m'est peut-être venue des souffrances héroïquement endurées par ma grand'mère. Penser à cela, parler de cela à mes parents pour les consoler. » Sept ans plus tard et bien près de sa propre mort, il écrit à sa mère malade : « Penses-tu quelquefois que tu

paies au Bon DIEU par tes souffrances les bienfaits
qu'il accorde à nos âmes, ma vocation ? J'ai envie,
chère maman, de te remercier de tes souffrances. »
(12 août 1886.) Voilà bien le cœur du fils et du Religieux.

III

NE pourrait-on croire que, pour un enfant
aussi pieux et aussi simple, il n'y avait qu'à
passer doucement, à glisser, pour ainsi dire, de la
vie du collège à celle du Noviciat ? Il n'en alla pas
ainsi ; les jours de réflexion solitaire, qui s'appellent
la *première probation*, furent des jours d'orage. Dès
le début de la retraite, l'Ange gardien du probation-
naire, c'est-à-dire le Novice qui lui apportait le texte
des méditations à faire, le trouvait consterné, tout
en larmes. Léon venait de méditer le *Principe* ou
Fondement des Exercices de saint Ignace. Il disait,
comme un homme désespéré et rendu : « Impossible
de reculer devant cette logique écrasante. Il n'y a
rien contre, c'est évident. » La doctrine des *trois
degrés d'humilité* le bouleversa de plus belle. Il en
avait d'avance quelque idée, il la sentait venir et
l'attendait avec la résignation morne d'un condamné.
Mieux connue, elle lui sembla moins terrible, mais
DIEU voulait qu'il vît nettement tous les sacrifices à
faire, ou plutôt il permettait à l'imagination de les
grossir à l'infini. Ne faudrait-il pas renoncer à la

musique, à toute correspondance, à toute affection surtout ? Là-dessus, le pauvre enfant écrivait lettres sur lettres au Père Maître des Novices, pour se faire bien préciser la mesure des renoncements nécessaires. Deux ans plus tard, il disait au Frère qui avait vu ses premières angoisses : « Oh ! oui, que j'étais fou au moment d'entrer au Noviciat ! Je me figurais que je n'aimerais plus personne,ni ma mère ni mes amis. Bien au contraire, je ne les ai jamais tant aimés que maintenant. Au reste, ma mère le sait bien. Et puis, par dessus tout, j'aime un ami, Notre-Seigneur, que je ne connaissais pas alors ; je l'aime d'une façon que je n'aurais même pu soupçonner ; je l'aime plus que tous les autres, ce qui ne m'empêche pas de les aimer plus qu'auparavant. »

Ainsi, comme Dieu s'était servi, pour l'attirer, des penchants affectueux de sa nature, la tentation les exploitait à son tour. Elle fut vaincue ; au moment de prendre parti, le calme revint avec la lumière. Instruit par cette première et rude leçon, Léon comparait sa vocation à celle des Mages. « Jérusalem, où l'étoile leur manqua, c'est ma retraite, où le démon me fit tant souffrir. L'étoile reparut le jour de l'élection. » Mais n'est-il pas consolant de voir soumise à de telles épreuves une âme destinée à monter si haut ?

Elle fut généreuse dès le commencement. Tous ceux qui avaient connu l'écolier furent frappés de sa transformation rapide. Passant par Angers, le R. P. Recteur de Sainte-Croix lui rendit ce témoignage, mais surtout l'ami de collège dont la vocation avait éveillé la sienne et qui l'avait rejoint après quelques jours. Il est vrai, pourtant, que la seconde année devait être celle du grand essor. Jusque-là, si on peut le dire, le Frère Besnardeau ne fut qu'un Novice fervent : bel éloge sans doute, mais fort au-dessous des progrès que la suite nous montrera.

Déjà, cependant, on en reconnaissait tous les germes. Léon avait été promptement saisi par les deux amours qui feront bientôt sa vie. Il aimait Notre-Seigneur, et sur ce point il était intarissable. Ayant été mis, pendant le Carême, au service des vieillards chez les Petites-Sœurs des pauvres, il prêcha à peu près d'improvisation une Passion de cinq quarts d'heure, après laquelle un des auditeurs dit naïvement : « Ce petit Père ira loin. » De fait il ira loin dans l'amour.

En JÉSUS, il aima ardemment la famille spirituelle où il venait d'entrer, et il écrivait, dès le 1er janvier 1880 : « J'ai remercié DIEU de cette règle bénie qui me dit de regarder JÉSUS-CHRIST dans chacun de mes frères et de mes supérieurs. Je l'ai prié de m'entretenir dans des dispositions telles que je puisse penser de chacun de mes frères : Mon frère, je vous aime comme j'aime JÉSUS-CHRIST. — Tant d'hommes qui ont peut-être plus

que moi le besoin de se donner, d'aimer, ne connais-
sent ni DIEU, ni un père, ni une mère, ni un ami...
Et moi, je trouve tout au Noviciat. J'ai remercié
DIEU de faire, de cette affection que je porte à mes
frères, une affection légitime et même un devoir. J'ai
résolu de les aimer plus que jamais. »

Apôtre dès le collège, il commença de l'être
mieux encore sous l'empire de la double charité qui
envahissait son âme. Dès les premiers jours, on lui en
avait offert l'occasion : avec trois autres Novices, il
avait été chargé de catéchiser, deux fois par semaine,
les enfants de Saint-Barthélemy, près d'Angers.
« C'étaient des expéditions charmantes, raconte un
de ses collaborateurs. Sur le chemin, on parlait toujours de la Sainte Vierge, et à ce genre d'entretiens, le Frère Besnardeau était le plus ardent des
quatre. On parlait aussi des enfants, dont l'air naïf
le ravissait, ou bien encore, au retour, on se faisait
l'un à l'autre l'*exercice de charité*, c'est-à-dire que
chacun était doucement averti des *desiderata* de sa
méthode. Sur place et dans sa fonction, le Frère
Besnardeau était tout feu, surtout quand il s'agissait de la bonne Mère du Ciel ou du petit JÉSUS,
son premier amour. Ces catéchismes, faits en commun, restent pour les survivants un doux et profond
souvenir ; notre Novice, en particulier, reconnaissait
leur devoir ses premiers goûts d'apostolat complet,
son premier désir des missions.

Mais il lui fallut bientôt renoncer à ce cher exercice. Après dix mois seulement de vie religieuse, il avait obtenu de se lier d'avance par les vœux de dévotion (21 juin 1880), quand les décrets, suppléant aux prétendues lois existantes, fermèrent le Noviciat. Dans la matinée du 30 juin, le Frère Besnardeau en sortit avec tous les Pères et Frères, à la suite de l'illustre évêque d'Angers, qui avait tenu à honneur de se faire expulser avec eux. Le coup était prévu, l'exil n'effrayait personne, et, en l'attendant, les fugitifs, mis hors la loi, allaient trouver un gîte sûr au château des Rues, dans la noble famille de Rougé. Mais comme, à tout prendre, il y avait là une grande tristesse, on conte que, pour égayer cette étrange partie de villégiature, le Frère composa, chemin faisant, une chanson dont ses compagnons de route eurent la primeur. C'est, à ma connaissance du moins, son coup d'essai dans cet art des attentions joyeuses où nous le verrons devenir maître.

Après quelques jours passés au château des Rues, il fallut aller chercher sur le sol anglais un asile moins temporaire. Léon revit en passant son collège de Sainte-Croix, puis Sillé, où il rassura ses parents, beaucoup plus effrayés que lui-même. Le 13 juillet, les expulsés s'embarquaient à Dieppe. Après avoir parcouru de nuit une partie de l'Angleterre, jusqu'au nord-ouest du pays de Galles, le matin du 14, alors que, par une coïncidence dérisoire, on

fêtait en France la liberté reconquise, ils attei-
gnaient leur lieu d'exil, le bourg d'Aberdovey, et
faisaient connaissance avec le casino délabré qui
devait les abriter quatre ans.

Un des proscripteurs de 1880 appelle quelque
part l'Église « l'éternelle recommenceuse (1) ». Magnifique éloge que la Compagnie de JÉSUS travaille
à mériter pour son humble part. On recommença
donc dans ce coin perdu la douce et laborieuse vie
du Noviciat. Une maison isolée entre la montagne
et la plage; en face, à quelques pas, l'embouchure de
la Dovey ; à droite et à gauche, des lignes fuyantes
de côtes, embrassant la baie de Cardigan : pour de
purs contemplatifs, le site et le cadre eussent été à
souhait. Pour des Jésuites, même Novices, il manquait bien là quelque chose. Quant à notre proscrit
de dix-sept ans, par moments il bénissait DIEU de
l'épreuve ; d'autres fois, il s'accusait de ne la point
prendre assez au sérieux. Il écrivait à sa protectrice
de Sainte-Croix : « Sans vous, Madame, point de
collège, point de Noviciat, par conséquent point
d'exil, point de cette grâce si grande que la miséricorde de DIEU m'y destinait. » Ailleurs, il note
pour lui-même : « L'exil ne m'a presque rien fait.
C'est légèreté. Il y a tant de bien compromis, tant
d'œuvres saintes abandonnées ! »

Pour tout dire, à part le regret de ce qu'on laissait

____

(1) Paul Bert.

derrière soi, on pouvait trouver sur place quelques souffrances morales, et non sans péril pour la perfection religieuse elle-même. L'existence menaçait d'être monotone. Plus de ces occupations extérieures, de ces épreuves réglementaires ou *expériments* qui en rompent l'uniformité. Plus de catéchismes, plus de stage hospitalier chez les Petites Sœurs des pauvres ; par suite, moins d'aliment à la conversation fraternelle, qui risquait de languir ou de glisser dans l'enfantillage. Il fallait que la jeune communauté trouvât en elle-même toutes ses ressources, ou plutôt qu'elle se fît en DIEU un fonds inépuisable de sainte joie. Chercher le bonheur dans la vie commune, mais aussi travailler à l'y mettre ; aimer ses frères comme jamais, en aimant plus que jamais JÉSUS le frère divin ; de part et d'autre élever la charité à cette *splendeur* qu'a préconisée saint Ignace : telle était, pour le bien de tous, la sauvegarde infaillible, mais nécessaire. « Union des âmes, — amour de la Compagnie, — simplicité d'enfant pour l'esprit et pour le cœur » : il fut convenu que ces trois vertus seraient par excellence « les trois fleurs d'Aberdovey. » Le mot d'ordre tombé de haut fut compris.

Mais personne entre les jeunes exilés ne le comprit mieux que le F. Besnardeau. Il y aura lieu d'étudier à part et de mettre en pleine lumière la charité vraiment incomparable par où il est digne d'être offert en exemple ; c'est assez de dire présentement qu'Aberdovey fut le théâtre où elle se déploya, sinon avec le plus de perfection et de mérite, du moins avec le plus d'éclat et d'influence.

Au reste, la seconde année de Noviciat devait marquer pour son âme le moment du plein essor. Lui-même en rapporte la date aux Exercices de saint Ignace, qu'il suivit de nouveau et qu'il refit même en partie, en novembre et décembre 1880. « A ma deuxième grande retraite, j'ai eu beaucoup de lumières... Depuis ce temps, la grâce m'a poussé par un mouvement de consolation perpétuel à faire des choses qui, sans elle, me paraissaient des montagnes, mais qui, avec elle, ne m'ont pas coûté beaucoup, et auxquelles je n'ai guère de mérite, sinon de dire *oui* à une chose qui plaît. » C'est en ces termes que, plusieurs mois après, il rendait compte de ses progrès au R. P. Provincial, et déjà, dans cet intervalle, Dieu l'avait porté bien haut. C'est alors que ses notes spirituelles se multiplient et s'élèvent, permettant de suivre presque jour par jour les belles ascensions de son cœur. On en jugera mieux par le tableau d'ensemble que nous ferons ailleurs de sa spiritualité intime ; mais encore faut-il noter ici brièvement les incidents principaux de cette féconde période.

Arrêtons-nous quelque peu à la grande retraite qui fut le point de départ. Le Novice commença par s'y mieux connaître. Il s'accusa de n'avoir pas assez bien compris jusqu'alors la nécessité de prier pour se faire saint. Il s'humilia de sa générosité encore imparfaite, et cependant, aux termes même de l'aveu, ne serait-on pas tenté d'envier les dispositions que cet enfant rejetait comme insuffisantes ? « Ma générosité, si entière qu'elle puisse être, a un côté qui n'est pas joli. Avant de me livrer, j'ai discuté ; avant de me donner, j'ai fait, pendant un an, l'expérience que je serais malheureux si je ne me donnais pas. Cette considération est bien propre à me mettre à ma place. »

Donc il priera mieux désormais, il se donnera plus entièrement. Son *élection*, son programme de vie sainte, se modifie. L'année précédente, il visait au *troisième degré d'humilité*, à cette redoutable perfection qui, à distance, l'avait épouvanté si fort ; mais, en y visant, il n'en avait qu'une idée encore incomplète. « Je n'avais pas compris le troisième degré. Je me figurais un homme embrassant avec joie le détachement, l'humiliation, à mesure qu'ils arrivent. Saint Ignace, lui, veut davantage. *(Exercitia spiritualia.)* Je ne marche pas par complaisance pour d'autres, quand on me le dit, mais je marche de moi-même et pour m'exercer. Je ne pratique pas le troisième degré chaque fois que Notre-Seigneur se retourne et me dit : « C'est maintenant ! » mais je le pratique, ou du moins je veux le pratiquer constamment, de manière que JÉSUS n'ait qu'à regarder et dire : « C'est bien ; tu me suis dignement. » Je n'avais pas compris, et j'avais mis mon élection à la hauteur de ma pensée. Maintenant le jour se fait, je comprends, ma pensée s'élève ; je veux mettre mon élection au niveau. C'est plus parfait, c'est plus difficile, et, chose étonnante, cela répond pleinement à mon désir secret. Je m'y sens à l'aise. »

Là-dessus, sa résolution est prise ; elle entre dans un détail qui serait effrayant, si nous n'avions à constater plus loin avec quelle singulière liberté d'âme il lui sera donné de s'y tenir et de s'y mouvoir. Tout est prévu, surtout les défaillances toujours possibles, après lesquelles il se relèvera doucement, s'encourageant et se souriant à lui-même, c'est son mot. Écoutons-le résumer ce qu'il vient de faire ou plutôt de promettre.

« Je m'oblige à faire beaucoup ; mais j'oblige JÉSUS à faire bien plus encore : je l'oblige à me donner une grâce plus abondante pour le contempler, pour me rassasier de lui, pour graver son image dans mon cœur.

» Je m'oblige à m'anéantir ; mais j'oblige JÉSUS à remplir le vide qui se fera. O JÉSUS ! mon divin Roi, si, par malheur, je ne tenais pas mes promesses, j'aurais du moins la certitude de m'être donné une fois complètement. »

Ainsi comprise et munie de toutes parts, son élection était bien œuvre divine. Le lendemain il le constatait lui-même dans cette langue à la fois nette, vigoureuse et originale, qui sera désormais la sienne quand il parlera des choses de l'âme. Il vient de méditer l'entrée de N.-S. à Jérusalem et il jette ces notes rapides :

« JÉSUS, êtes-Vous jamais entré dans mon cœur plus triomphalement qu'hier ?...

» Je n'ai pas fait mon élection tout seul, j'ai écrit, Vous avez fait tout.....

» Allons gaîment au sacrifice.....»

Et comme JÉSUS a fait la résolution, c'est à Lui d'en procurer l'accomplissement. Le F. Besnardeau l'en adjure dans cette belle prière que je traduis de son latin !

« Seigneur JÉSUS-CHRIST, DIEU-homme, mon roi, qui avez voulu pour moi être battu de verges, être couronné d'épines, décoré d'un roseau en guise de sceptre, vêtu de pourpre et enfin mis en croix, accordez-moi d'entrer allègrement dans la voie royale de votre vie.

» Que je sois pauvre de fait et d'esprit, car il ne peut y avoir place pour Vous dans mon cœur, si Vous ne le trouvez absolument vide ;

» Pauvre, car je veux vivre avec Vous seul et me dérober à toute affection déréglée ;

» Pauvre, car Vous seul êtes digne de posséder mon cœur ;

» Pauvre, car où Vous habitez, tous les biens affluent ;

» Pauvre, car en n'ayant que Vous seul, j'aurai le royaume des cieux ;

— » Que je sois humilié avec Vous, car je ne mérite que cela ;

» Humilié, parce que Vous en avez donné l'exemple et que je veux Vous suivre ;

» Humilié, parce que le bon plaisir de notre Père a été de choisir ce qu'il y a d'infirme et d'humilié en ce monde ;

» Humilié, en sorte que j'aie de moi une basse opinion et de Vous une idée magnifique ;

» Humilié, si bien que, dédaignant de regarder ma propre misère, je puisse n'avoir plus d'yeux que pour Vous ;

— » Que j'aie à souffrir, puisque Vous avez le premier choisi la passion et la douleur ;

» A souffrir, parce que le véritable amour se prouve par les œuvres ;

» A souffrir, parce que je veux souffrir et être méprisé pour Vous qui avez souffert et avez été moqué pour moi.

— » Le tout à votre plus grande gloire et honneur, non à la mesure de ma faiblesse et de ma lâcheté, mais à celle de votre amour et de votre grâce. Donnez-moi de faire de votre Passion l'aliment de mon âme ; donnez-moi d'embrasser et de porter votre croix ; donnez-moi d'y être crucifié ; donnez-moi d'être enivré du sang de vos blessures.

» Donnez-moi de ne pouvoir aimer personne que Vous. Donnez-moi d'être humilié, donnez-moi de souffrir avec Vous. Donnez force et grâce à votre soldat, afin qu'il se signale à votre service, afin qu'ayant eu part à vos travaux et à vos tourments, il ait la vie que Vous avez promise à qui Vous aime. Amen ! »

Outre cette élection si bien menée, et qui pourtant ne devait pas être le dernier mot de sa vie intérieure, le Novice emportait de sa nouvelle retraite deux autres armes de choix. C'était d'abord un *Credo* à son usage, un acte de foi détaillé sur tous les points principaux du christianisme et sur toutes les bases doctrinales de la perfection. C'était ensuite une consécration toute spéciale à la Très-Sainte Vierge. « Je vous donne mon âme, lui disait-il, pour que vous la preniez en votre possession et que vous l'enrichissiez de toutes les vertus ; mon corps, pour que, au nom de votre Immaculée-Conception, vous le gardiez toujours pur ; mon cœur, afin qu'il ne batte que pour vous et que vous le rendiez semblable au vôtre ; mes yeux, pour qu'ils vous voient souvent et qu'ils ne voient que des choses dignes de vous ; mes oreilles, pour qu'elles vous entendent et n'entendent que des choses dignes de vous ; ma bouche pour qu'elle vous loue ; tout ce que je suis, tout ce que j'ai..... » Cet acte, à renouveler tous les ans, fut prononcé le 8 décembre 1880 et authentiquement scellé par la communion du jour.. « Au moment où la Sainte Hostie, déjà sur mes lèvres, vint dans mon cœur, je me dis : Maintenant je suis à Marie. Je suis à Marie, donc elle me conservera, donc elle me fera persévérer, donc c'est le Ciel. Je suis à Marie, donc c'est le Ciel acheté par un autre bonheur, par un autre Ciel. *Centuplum accipietis.* » — Ainsi continuait de se dessiner le plan de DIEU : par la dévotion à Marie, le F. Besnardeau s'acheminait vers cet ardent amour pour JÉSUS, où nous verrons se résumer et comme se perdre sa spiritualité tout entière.

Au reste, à partir de ce moment, le progrès de l'âme se marque et s'affermit par une série d'engagements spéciaux. Le 3 mai, c'est un vœu de détachement que nous retrouverons ailleurs, vœu de ne chercher aucune satisfaction du cœur en dehors de l'amour de JÉSUS. Renouvelée d'abord de semaine en semaine, puis d'année en année, cette sainte promesse, au lieu de peser à l'âme, lui donne du premier coup paix, élan et force. — Le 8 juillet, c'est le vœu de demander annuellement aux Supérieurs la grâce des missions. Mais déjà un autre objet s'empare de l'attention du Frère et avive toutes ses ardeurs : le terme approche, les premiers vœux de religion ne sont plus loin. Rien de touchant comme ce qu'il en dit à Notre-Seigneur dans une série de confidences écrites, commencées quelques jours après la promesse de ne plus goûter de joie du cœur qu'en lui seul. Élans de désir, vrais cris de l'âme pour hâter sa sanctification, pour pouvoir offrir un sacrifice plus pur.

« — 9 juin. — Plus que trois mois d'ici les vœux. Un mois que ce petit cahier est commencé. Suis-je plus saint ? Non.

. » JÉSUS, que faites-Vous ? Vous me savez lâche, faible, misérable, etVous n'agissez point ! Oh ! espérons. Je sens le besoin d'espérer, de me perdre dans l'amour de JÉSUS pour y trouver des consolations pour toutes mes défaillances. »

« — 12 juin. — JÉSUS, soyez-moi JÉSUS, au jour de mes vœux surtout. Je renonce à tout, excepté à Vous aimer ; à tout, excepté à Vous servir ; à tout, excepté à Vous voir.....JÉSUS,Vous êtes mon partage pour toujours. J'en jure, non sur mon cœur ou ma force, mais sur votre cœur et votre grâce. Je Vous aimerai toujours, et jamais je n'aurai besoin que de Vous pour me satisfaire et me consoler. »

Le temps marche, nous voici à la veille du grand jour, et dans son humble foi, l'enfant s'émerveille à la pensée de ce qu'il sera demain.

« Moi Jésuite ! moi le mou, le flasque, le paresseux, l'indélicat ! Je vais devenir un chef-d'œuvre de

DIEU. JÉSUS-CHRIST, auteur de toutes les merveilles, soyez béni, béni, béni à jamais!

» Mais l'Eucharistie, est-ce donc moins?... — L'Eucharistie est donnée aux faibles comme aux forts ; mais ce que je recevrai demain est donné à un petit nombre, et tous ceux de ce nombre-là valent plus que moi. Moi, j'aurai demain un titre au respect et à l'amour de tous ceux qui entendent leur devoir, moi, le pécheur !.....

» Religieux, Jésuite ! Je serai tout cela demain, demain je m'engagerai à faire tout ce que m'a montré mon Roi !

» JÉSUS, ce bienfait m'accable, je m'en accuse, je l'ai volé.

» Mais quand j'aurais été vertueux toute ma vie, l'aurais-je mérité davantage ? »

Ce lendemain, salué par de tels transports, fut le 8 septembre 1881. Le jour même, pour fixer la mémoire de son bonheur, le Religieux de dix-neuf ans écrivit au courant de la plume une sorte de méditation, où il associait à la pensée du Crucifix, emblème et gage de son offrande, la belle antienne *O sacrum convivium in quo Christus sumitur.* Cette méditation devait acquérir une sorte de célébrité ; communiquée par l'auteur avec la charité simple que nous dirons en son lieu, elle circula, elle fut transcrite, elle servit à échauffer plus d'une âme.

La croix acceptée, le sacrifice embrassé devient un festin où l'on trouve JÉSUS. « Au fond du calice est JÉSUS. La lie bue, je trouve le goût de JÉSUS,... la joie de la souffrance ou immolation par amour, l'ivresse de se détruire en aimant pour ce qu'on aime. » Pas de rêve d'ailleurs, pas d'élans perdus dans le vide. Cette croix, ce calice où JÉSUS se trouve, c'est la mortification pratique dont le Frère se rappelle énergiquement le détail.

Or, dans la mort quotidienne, fruit des vœux, tout comme dans le banquet Eucharistique, en se nourrissant de JÉSUS, on honore, on reproduit le souvenir de sa Passion : *Recolitur memoria Passionis ejus.* JÉSUS s'est dépouillé de tout ce qu'il avait en propre : liberté, réputation, affections, vêtements même. JÉSUS — idée plus belle et plus hardie — JÉSUS s'est fait de tout un instrument de souffrance : de la nature déchaînée contre lui, du genre humain devenu collectivement son bourreau, de sa Mère en deuil au pied de la croix, de son Père dont il assume la malédiction, de lui-même, de sa propre humanité transformée en incarnation du péché. — JÉSUS s'est humilié divinement, c'est-à-dire sans mesure, à l'infini. Et voilà ce que les vœux nous engagent à reproduire. *Recolitur memoria Passionis ejus.*

Mais le Crucifix des vœux parle aussi de la grâce qui remplit l'âme et de la gloire dont il est le gage :

Mens impletur gratia et futuræ gloriæ nobis pignus datur. — Ici la pensée s'affermit, le ton s'élève, et, pour tout dire, la méditation devient si belle que l'analyse ne suffit plus ; il faut citer, et si longue que la citation puisse être, je crains peu que le lecteur s'en plaigne. Que ce soit comme une page détachée à l'avance de notre future étude sur la vie intérieure du Frère. Un moment de halte dans le récit nous donnera, dès maintenant, quelque idée de son âme, du point où Dieu l'avait élevée en deux ans.

« — *Mens impletur gratia.* — Désormais mon Crucifix, c'est l'incarnation la plus vivante de Jésus pour moi, l'étendard de ma vocation, le signe qui doit me rappeler à mon devoir.

» Le sacrement de mon Crucifix ! c'est bien là le signe sensible institué par J.-C. pour me sanctifier.

» Quelle est la grâce que Dieu me donne par ce sacrement ? — Amour, réciprocité de donation.

» 1º *Amour.* — Mon Crucifix me parle ainsi : Mon fils, j'ai souffert à ce point, non parce que ton salut l'exigeait, mais pour te montrer combien je t'aime, pour te mériter d'entrer dans la Compagnie. C'est une grande et belle chose que d'être admis si près de moi, une grande et belle chose que d'être Jésuite.

» J'ai souffert ainsi pour arracher de ton cœur cette étincelle vive qui est l'amour que je mérite et que je te demande. »

» O JÉSUS, comme Vous m'aimez ! comme je veux Vous aimer !

» 2° *Réciprocité de donation*, besoin de correspondre. *Quid debeam pati pro Christo ?*

» Il s'est privé de tout, et moi, que je me prive le plus possible, que je supporte généreusement les privations qui me seront imposées ! — Il m'a aimé comme s'il n'avait que moi à aimer, et moi, que je ferme la porte de mon cœur à tout autre amour que le sien ! -- Il a souffert, et moi, que je souffre généreusement tout, que je me crucifie par le détachement, la mortification ! — Il s'est livré, *crucifixus etiam pro nobis.* Donc amour pour amour, vie pour vie, sang pour sang, abnégation, martyre. Voilà toutes les grâces que DIEU m'a donné à demander par mon Crucifix.

» *Mens impletur gratia.* — Cette grâce qui m'est donnée à chaque regard, à chaque aspiration amoureuse vers mon Crucifix, quelle est-elle donc d'une façon encore plus précise ? Grâce de la vocation pour pratiquer les trois vœux dignement et être toujours à la hauteur de mon nom : Jésuite. Grâce d'une connaissance intime de ma vocation et de moi-même.

» *Connaissance de ma vocation.* Qu'elle est belle ! Plus près de J.-C. par l'union intérieure, par l'imitation de chaque moment, par la coopération à son œuvre, l'Apostolat. — Plus près de JÉSUS, près de son cœur, mon âme dans son âme : union étroite, plus forte que la mort, car je désire mourir pour être mieux uni à Jésus.

» Un roi, descendant du trône universel de toute la terre, serait heureux et ne perdrait rien en se faisant comme moi pauvre et inconnu volontaire, mais ami, mais apôtre de J.-C.

» Je ne perdrai jamais la fierté et la noblesse de ma vocation. Qu'elle est belle !

» Plus près des saints. Un Stanislas, un Xavier, un Louis de Gonzague, sont mes frères. Comme je me sens haut en me sentant élevé jusqu'à eux ! Ils me montrent ce que la grâce de Dieu peut faire, ce qu'elle fera de moi, si j'ai une confiance absolue en Jésus et le mépris le plus profond pour moi-même.

» Je suis frère des saints ! Qu'elle est belle, ma vocation ! Supérieurs, frères, je vois tout cela au-dessus de moi, et moi, cependant, je suis, par mes vœux, mis à leur niveau. Je dois, je veux être, avec la grâce de Jésus, saint comme mes frères le furent.

» *Connaissance de moi-même.* C'est pour me donner courage que je m'étudie. Si je valais beaucoup, je me confierais entièrement en moi et je tomberais de toute ma hauteur.

» Si j'avais un peu de volonté, d'énergie, je m'appuierais sur moi avant de m'appuyer sur Jésus. Quelles déceptions alors !

» Mais de la volonté, de l'énergie, je n'en ai point. Je n'ai pas, dans ma nature, la volonté qui soulève ; j'ai l'amour, l'admiration, l'enthousiasme ; je saisis, mais je ne suis pas entraîné.

» Ce que ma nature ne peut faire, JÉSUS le fera par sa grâce ; de sa grâce j'attends tout ; c'est sa grâce qui fera de moi un grand saint, comme d'une pierre sans vie on fait une statue vivante. Mais ce sera bien la grâce, la grâce seule, la grâce qui tombe des blessures, du cœur et des lèvres de JÉSUS crucifié, car chez moi tout se porte au mal, et sans JÉSUS que serais-je ?..... sans le choix de JÉSUS où serais-je ?

» Mais le choix de JÉSUS n'est point à moi ; les grâces reçues ne sont point à moi, car elles ne viennent pas de moi. Que reste-t-il donc à moi ? Rien, sinon un squelette sans chair, des ossements sans vie, de la putréfaction, quelque chose dont on se détourne. Et voilà ce que JÉSUS a vivifié ; il a donné à ces ossements une chair, il les a fait vivre de sa vie. Et je suis Jésuite ! Et je suis un autre JÉSUS ! *Mens impletur gratia.*

» Mon Crucifix est le signe sensible que DIEU me donne pour me rappeler tout cela. — Mon fils, me dit-il, n'oublie point ce que tu es et ce que je t'ai fait.

» — *Et futuræ gloriæ nobis pignus datur.* — Et je suis lié pour ma vie entière à quelqu'un que je n'ai point vu, point entendu, point senti près de moi, si ce n'est d'une manière bien faible et insuffisante à mon cœur ; car la Sainte Eucharistie me fait désirer, la plus vive consolation me fait mieux désirer encore.

» Je ne l'ai point vu et je travaillerai longtemps sans le voir, Lui, Lui, mon unique aimé, Lui duquel je vis, Lui sans lequel je mourrais de douleur.

» Et je souffrirai pour Lui ; je Lui donnerai, je l'espère, des marques de l'amour le plus tendre, le plus passionné qui fut jamais... Et je L'aime tant, Lui, que je demande à mourir pour Lui, parce que mon amour ne cessera de désirer que quand je me serai donné corps et âme.

» Et si je ne meurs point pour Lui, je travaillerai pour sa gloire, je dépenserai toute mon activité, j'userai toutes mes forces à étendre son règne sur moi et sur les autres.

» Et à la fin, je ne L'aurai point encore vu, je ne L'aurai point entendu. Comme je désirerai alors jouir de Lui ! Comme je me désespérerais si, après avoir tant fortifié et développé cet amour, on venait me dire : Ton JÉSUS, tu ne le verras jamais. — JÉSUS, mon doux Maître, ne vous voir jamais !.......

» Mais je suis certain que je Le verrai, que je me rassasierai de Lui, que nous nous aimerons face à face, cœur à cœur, âme à âme, moi dans Lui, Lui dans moi !

» Mon Crucifix me l'a dit : *Mecum in poena, me-cum in gloria. — Vincenti dabo manna absconditum. — Ego ero merces tua.* »

IV

LA persécution aidant, rien n'empêchait le nouveau Religieux de suivre le cours traditionnel de nos études, en commençant par les belles lettres. Il allait s'y adonner sur place, le Juvénat de la Province ayant été, depuis un an déjà, transféré dans la maison d'Aberdovey.

Le 28 septembre, changeant non de résidence, mais de communauté, il envisageait ainsi d'un même coup d'œil sa vie passée et sa vie nouvelle : « Je finis mon Noviciat dans un élan de générosité, dont je remercie ardemment mon JÉSUS..... Je garderai ma résolution, ma résolution bénie, de vouloir tout par amour pour JÉSUS. Je veux, je veux, je veux, avec la grâce de JÉSUS, conserver mon élan, toujours et quand même. »

Cette énergique volonté ne se démentit pas et l'ardeur à l'étude n'attiédit en rien la ferveur de l'âme. C'est au milieu de sa première année de Juvénat que le Frère devait recevoir la grâce la plus signalée, la plus sensible au moins de sa vie religieuse, la plus efficace aussi pour l'élever aux grandes hauteurs de l'amour. C'est durant ces trois fécondes années que sa spiritualité allait prendre sa forme définitive, en se résumant avec une clarté parfaite et une vigueur suave dans l'abandon amoureux à Jésus. A part ces deux incidents ou époques, sa vie intérieure ne présente guère qu'un progrès peu sensible, mais réel et sûr, l'habitude de la sainteté s'enracinant par la constance des mêmes actes. Ainsi le définissait-il lui-même.

Si le Religieux ne languit pas, l'étudiant fut tout ardeur au travail ; mais l'étudiant, c'était encore le Religieux appliqué par-dessus tout à préparer son apostolat futur. Le F. Besnardeau agissait là par principe et en vertu d'une idée nette et haute de son devoir. « Quelle est ma noblesse ! Je suis témoin de Jésus-Christ, coopérateur de Jésus-Christ. Donc ma préparation, mon travail, c'est autant de fait pour ou contre son œuvre. » Puis, retrouvant une pensée qui lui était chère : « Si j'étais descendu d'un trône pour en venir là, j'aurais gagné. »

Il voulut donc apprendre et, secouant à la fois la torpeur, la timidé, toutes les hésitations de l'amour-propre et du respect humain, il fut des plus empressés à interroger et à répondre. C'était plaisir de le voir, en présence d'une explication qui satisfaisait son intelligence, ouvrir de grands yeux étonnés d'abord, puis limpides et ravis. « Le vrai m'arrive de toutes parts, » disait-il, et de fait jamais esprit n'en fut plus avide : il l'accueillait, on pourrait dire qu'il le buvait avec transport.

Hors de la classe, il se fit bientôt une quasi célébrité par le bon usage du temps. « Mon temps n'est pas à moi... Une minute perdue ou employée mal à propos est autant de volé aux âmes..... Je tiens à mon temps, parce que DIEU en réclame toutes les secondes. » Donc il mit à n'en rien perdre toute son activité, mais surtout une industrie et une prévoyance rares à son âge. Dès le matin, la journée était envisagée et réglée dans ses parties libres avec une ferme justesse de coup d'œil. Avant tout, le devoir, les leçons, la tâche imposée, fût-il sûr de n'être pas pris à court en commençant par autre chose. L'obligatoire une fois mis en sûreté, le Frère avait pour excellente maxime qu'entre deux occupations opportunes, il faut choisir d'abord la moins attrayante, et il s'était proposé de faire avec plus d'amour ce qui lui déplairait davantage. A voir ses heures si bien réglées sans que rien demeurât vide ou livré à l'imprévu, quelques-uns le soupçonnaient de les morceler à outrance. Il n'en était rien cependant. Sauf quelques essais et tâtonnements au début, il en vint bientôt à préférer pour lui-même et à conseiller aux autres un partage plus large et moins coupé. S'il prévoyait, s'il notait même le matin ce qu'il avait à faire, c'était pour s'assurer plus d'aisance et de repos d'esprit. Déjà nous voyons apparaître, dans cette nature d'élite, un contraste heureux, ou mieux, une alliance rare entre deux éléments difficiles à concilier : d'une part, la précision des méthodes et la multiplicité des industries ; de l'autre, une parfaite liberté d'allures, sans scrupule ni contention. En jugeant trop vite, on eût pu croire à la minutie ; mais ceux qui regardaient plus avant admiraient ce jeune esprit toujours au large dans les limites précises qu'il se traçait. Ainsi verrons-nous, quand il s'agira des choses divines, le vol de l'âme rester étonnamment libre parmi les pratiques multipliées qui sembleraient devoir l'inquiéter et l'appesantir. Don de nature et de grâce tout ensemble. DIEU avait mis dans ce tempérament d'artiste un côté singulièrement positif et méthodique ; il mettra dans cette âme, ardente et ingénieuse à ne rien perdre de la perfection possible, une simplicité d'amour qui exclura le trouble et la confusion.

Activité, savoir-faire, précision : voilà qui permettait au Juvéniste d'ajouter à la tâche obligatoire une somme d'études personnelles vraiment surprenante. On s'efforçait dès lors au Juvénat de préparer, dans une mesure pratique et modeste, le travail spontané de l'avenir, si précieux pour la valeur complète, si fort exposé, du reste, à s'égarer ou à languir, faute de direction et d'appui. Le F. Besnardeau entra dans cette pensée avec l'entrain réfléchi d'une âme qui comprend et qui veut. Pour commencer de loin sa formation de prédicateur, il étudia peu à peu les parties de l'Écriture qu'on lui désigna comme accessibles avant la Théologie. En même temps, il se passionnait pour l'histoire, entendant à merveille que l'apôtre contemporain ne peut guère plus s'en passer que de la Philosophie et de la Théologie elles-mêmes. Fidèle aux plans donnés, il amassait, avec un persévérant courage, des notes volumineuses, d'ailleurs avide en tout de clarté complète, ayant toujours sous la main et l'Atlas et une Chronologie générale qu'il s'était faite à lui-même, partout net et méthodique dans son ambition de savoir beaucoup pour la plus grande gloire de Dieu.

Le talent est chose bien secondaire quand il s'agit d'une âme sainte ; et cependant il peut n'être pas inutile d'apprécier en passant celui du F. Besnardeau. On l'a jugé plus gracieux que fort, et ce ne serait pas merveille, à considérer sa grande jeunesse, l'inexpérience du monde, de la vie, de certaines passions. On a remarqué justement que ses essais oratoires ne portaient pas le caractère de la puissance. Quoi d'étonnant encore ? Avec son extérieur frêle, avec sa voix charmante mais presque enfantine, le prédicateur novice eût fait sourire en essayant les grands effets.

En général on aimait, dans cette nature encore

en fleur, le contraste, saisissant parfois, d'une intelligence vive, pénétrante, observatrice, quelqu'un dit même forte, avec une imagination toute naïve, à quoi son inexpérience même ne nuisait pas. De là se formait une originalité qui, par instants et par exception, pouvait confiner au bizarre, mais qui, d'ordinaire, était de la meilleure marque. Dans ses compositions de tout genre, on rencontrait çà et là quelque détail étrange : on ne les a jamais accusées de banalité. Que lui manquait-il donc ? Ici, j'ai tout droit d'appliquer au Juvéniste l'appréciation que fit plus tard son professeur de philosophie. Le Frère avait des intuitions rapides et justes, mais quelquefois courtes et s'arrêtant net à une obscurité, à un nuage soudain que la réflexion ne faisait tout d'abord qu'épaissir. En dehors de ces accidents du métier, il est vrai de dire qu'il réussissait fort bien en littérature, brillant et vigoureux même à ses heures, surtout quand il était soulevé, soutenu par une pensée surnaturelle. C'est que, chez lui plus sensiblement peut-être que chez beaucoup d'autres, le talent était l'expression spontanée de toute l'âme; et voilà pourquoi les plus belles pages qu'il ait écrites se trouvent dans ses notes de spiritualité, jetées au vol de la plume et sans intention littéraire. On verra là, et là seulement, jusqu'où il promettait de s'élever.

Ajoutons qu'il était artiste dans l'âme, et qu'on le

connaitrait mal si l'on ne tenait largement compte de cette disposition native. Étonnamment doué pour la musique, il a laissé en ce genre quelques essais d'une rare distinction et d'une fraîcheur originale. Au Noviciat, cet exercice dut être suspendu, et ce fut une sensible épreuve. Plus tard et jusqu'à la fin, la composition resta pour le Frère un secours puissant, mais quelquefois une tentation, qu'il surmonta d'ailleurs vaillamment. Le papier de musique était tenu à l'écart ; un *Ave Maria*, noté d'abord, fut déchiré parce qu'il devenait une cause de distractions dans la prière. Une autre fois, comme le F. Besnardeau avait consenti de bonne grâce à faire les honneurs de son petit trésor musical pour se prêter aux désirs d'un Frère, il coupa court en disant : « Fermons le carton. Tout cela me donne de la vanité. Oh ! Frère, qu'est-ce qu'un son, même harmonieux, auprès d'une pensée donnée à JÉSUS ? » Ainsi le Religieux dominait l'artiste, mais sans l'étouffer ; au contraire, il se serait volontiers indigné contre ceux qui croient devoir à la sainteté le sacrifice d'aptitudes naturelles capables de la rendre un jour plus persuasive.

Chez lui, ces aptitudes étaient complètes. Musicien avant tout, il goûtait d'ailleurs la nature avec une âme de poète, ravi devant un paysage, émerveillé d'une simple fleur, admirant le Créateur dans son œuvre et le retrouvant partout sans effort. Qu'on ne croie pas à un enthousiasme de pur sentiment ; ses admirations étaient réfléchies, sa conception de l'art déjà haute et ferme. Il pouvait décrire d'expérience le phénomène de l'inspiration, et il l'analysait avec une sûreté brillante. « Quand je crie après elle, elle me laisse m'agiter à la porte ; c'est quand je suis presque épuisé qu'elle paraît. Mais quelle visite que celle-là ! Quel moment ! On sent au fond de soi comme l'écho d'une symphonie large et attendrissante, qui bat sa mesure et développe ses mélodies avec une puissance irrésistible. Toute belle idée qui s'offre alors s'y fait sa place ou en trouve une toute prête. C'est l'heure où on se sent fort, où la vie est vraiment douce et l'activité délicieuse. C'est le métal en fusion. Versez-le dans la forme : quelles gerbes d'étincelles ! Les beaux vers jaillissent alors tout brillants et le poète s'étonne lui-même. Il verse avec mesure le métal précieux, qui romprait tout s'il tombait d'un coup dans une forme délicate. Mais aussi quel bonheur parfois de s'abîmer tout entier dans un sujet grand et magnifique, de jeter toute sa flamme comme une fonte bouillante qui se révolte contre les parois, et voudrait s'épancher jusqu'à tout couvrir !

« Pourquoi faut-il que cette bienheureuse chaleur s'éteigne ? J'ai pensé au lendemain, j'ai monté ma lampe, j'ai écrit une ligne étrangère à la poésie ; je retourne à mon œuvre, tout est froid, c'est de la lave

Léon Besnardeau.

4

durcie. L'inspiration est comme un oiseau de passage ; pour le retenir, il faut le fasciner au vol. Mes yeux s'égarent, l'oiseau prend sa volée. Pourquoi ? Hélas ! je demande pourquoi il s'en va ! Sais-je comment il est venu ? Tout est mystère... »

L'art était à ses yeux plus qu'un objet aimable et grand ; c'était, oserai-je dire, une forme du culte naturel englobée dans le culte surnaturel et faite pour le servir. Il entendait qu'on l'aimât, mais en le respectant et sans le toucher jamais d'une main négligente ; il était jaloux de la perfection, de ce qu'il appelait hardiment la chasteté de l'art. «Toute négligence, écrivait-il, est une profanation, une infidélité. — Une profanation, car il y a une certaine pudeur, une certaine chasteté de l'art qui repousse la médiocrité, qui a surtout en horreur la médiocrité consentie par paresse ou par genre. — Une infidélité, car le don artistique est un talent, une monnaie à faire valoir et confiée par DIEU. — Ainsi, ne vous rebutez point au travail. »

Telles étaient ses vues, et certes il n'eût pas rendu un service médiocre si DIEU lui eût laissé le temps de les répandre. Ainsi entendu, l'art est une puissance encore plus qu'une joie ; joie mêlée du reste et non pas seulement parce qu'il en faut faire souvent le sacrifice. Une organisation d'artiste si fine et si haute ne peut que souffrir vivement de l'opposition de certains esprits, ou plus généralement des erreurs de goût qu'elle n'est pas en situation de redresser. Le F. Besnardeau avait çà et là rencontré cette souffrance ; il la prévoyait surtout dans l'avenir, et c'est chose curieuse et touchante que de l'entendre se résigner d'avance. Dans une retraite, il notait cette résolution caractéristique : « Souffrir volontiers que, non seulement en musique, mais en tout art, peinture, gravure, littérature, architecture, tout soit autour de moi de mauvais goût. » A quoi il ajoutait cette noble et forte pensée : « Que mon âme soit belle ! Voilà le seul chef-d'œuvre auquel je doive tenir. »

Le chef-d'œuvre avait grandement avancé durant les trois premières années studieuses dont je n'ai rappelé que quelques traits extérieurs. Dans cette âme déjà si belle, on pouvait remarquer dès lors le double caractère que nous verrons mieux plus loin : simplicité enfantine et maturité virile. Chez le Juvéniste si attentif à sa perfection, le côté enfantin, c'est l'ardeur qui deviendrait facilement excessive, c'est l'impuissance de certains moments, c'est la vivacité des impressions pénibles qui en résultent. Légers défauts qui vont s'effaçant peu à peu et ne laissent après eux que la vraie fleur de l'enfance, la simplicité, la docilité. Quant à la maturité grandissante, elle apparaît déjà dans certaines parties de l'esprit et du talent, dans la netteté et dans la fermeté des vues ; elle brille surtout dans l'effort sou-

tenu parce qu'il est méthodique, patient et humble ;
elle éclate dans la vertu, plus belle que tous les dons
de l'intelligence. Assurément, cet enfant promettait
bien mieux qu'un talent vulgaire, et il a donné vite
un saint.

A propos de son temps de Juvénat, le F. Besnardeau écrivait à ses parents : « La vie est ici toujours la même dans le Bon DIEU ; c'est la monotonie
qu'on trouve au Ciel et qui n'ennuie point. » Un
douloureux épisode allait la rompre. « Vous êtes
trop heureux, » disait quelqu'un au Frère pendant
l'été de 1883 ; — il répondit : « Oh ! la souffrance
viendra bien à son heure. » Un peu plus tard, se
plaignant lui-même de ne pas porter assez bien les
minimes épreuves de chaque jour, il écrivait ce mot
expressif : « Je devrais être JÉSUS et je ne suis que
Simon le Cyrénéen. » A ce moment-là même la
croix lui venait.

Ce fut une grave maladie de sa mère. Aux premières nouvelles du péril, il écrivait à son père :
« Confiance ! Pour être loin, je ne la soigne pas
moins bien, et les prières font quelquefois plus que
les remèdes. » Mais bientôt, le danger croissant, il
fut envoyé lui-même à titre de consolateur et
d'apôtre. Chemin faisant, il mandait à son supérieur : « Mon Père, votre enfant ne voudrait laisser
échapper aucune des grâces que Notre-Seigneur lui
réserve auprès de sa mère malade. J'espère en vos

prières et en celles de mes frères, pour obtenir de vouloir et de faire toute la volonté de DIEU. Priez beaucoup pour moi. Ce soir, en trouvant peut-être ma mère morte, je puis faiblir tout d'un coup. Mon Père, vous savez mon cœur. Quand vous m'avez ordonné de partir en m'annonçant la maladie extrême de ma mère, j'ai récité mon *Te Deum*. Je le dirai jusqu'à ce que je n'en aie plus la force. Mais jusque-là, vive mon JÉSUS bien-aimé ! Pourvu que nous le voyions un jour, qu'importe que l'on vive, que l'on souffre, que l'on meure ? »

Sa mère devait lui survivre ; elle se trouva bientôt mieux et, après quelques jours passés auprès d'elle, il put revenir à son cher exil. Mais ces jours avaient été un apostolat continu dont il rendait compte avec une humilité touchante. « Comme je me sens impuissant, tiède, sans autorité, maladroit! » — « Le Bon DIEU me soutient, disait-il encore ; je puis sourire et consoler. » Et pour tout conclure : « J'ai peut-être fait un peu de bien. J'abandonne tout cela : Notre-Seigneur est juge. »

Consolateur et apôtre des siens, tel il s'était montré dans ces jours d'épreuve, tel il fut durant toute sa vie. Ange de la famille, ange absent, mais qui savait se rendre présent par mille industries délicates. Il n'avait pas si bien tout quitté qu'il ne voulût encore avoir part à tout pour tout élever à DIEU. Ainsi réclamait-il la liste exacte des anni-

versaires, morts, naissances, dates joyeuses ou
tristes, jaloux qu'il était de les fêter saintement. En
retour, il envoyait, par exemple, de la graine des
fleurs d'Aberdovey, afin que le jardin de Sillé en
eût de semblables. Et quelle tendresse ingénieuse
dans ses souhaits de fête ou de bonne année ! Quelquefois la lettre, calculée pour arriver le 31 décembre, en contenait une autre qui ne devait être ouverte que le 1er janvier au matin. Le fils absent
trouvait par là le secret de se multiplier auprès des
siens. Parfois le compliment venu d'outre-mer était en
vers gracieux où chacun avait sa part. Mais, à mon
avis, peu de vers, si gracieux qu'on les imagine,
vaudraient ces quelques lignes de prose accompagnant et commentant un humble cadeau d'étrennes,
une image de la communion miraculeuse de saint
Stanislas. « Si, dans la journée, une tristesse plus
grande venait vous troubler, regardez le petit saint
Stanislas et dites-vous : c'est là le frère en religion
de notre cher Léon. — Regardez le bel ange et
dites : Notre cher Léon nous a ainsi envoyé son bon
ange aujourd'hui pour nous consoler. — Regardez
le ciboire que l'ange tient entre les doigts, regardez
la Sainte Hostie et dites : Un jour Léon sera
prêtre ; il tiendra, lui aussi, Notre-Seigneur entre
ses doigts. Alors, oh ! comme il priera pour nous !
Comme il sera puissant pour nous obtenir toutes
les grâces ! »

Aussi bien la tendresse de l'absent était virile et sainte ; elle ne craignait pas de jeter parmi les souhaits de fête la pensée austère de la mort. Être apôtre, le F. Besnardeau ne savait plus d'autre manière d'aimer. D'une main discrète mais hardie, il poussait les siens dans la voie de la piété, des sérieuses et chrétiennes études. Celui qui fut parmi les jeunes Religieux, ses frères, un modèle à part de charité prévenante et d'apostolat tout aimable, devait l'être avant tout envers le père et la mère qui ne l'avaient pas disputé à DIEU.

V

LE 9 septembre 1884, à huit heures du soir, les jeunes Jésuites exilés quittaient tous ensemble la maison qui les avait abrités depuis plus de quatre ans. Le jour même, le F. Besnardeau écrivait : « Je me détache doucement, suavement, avec beaucoup d'amour, de ce nid bienheureux d'où il faut s'envoler. Je sens une tristesse douce, consolée, qui est une grâce de Notre-Seigneur... »

L'exode fut court du reste ; en une nuit, les voyageurs arrivèrent d'Aberdovey à Slough, dans les plaines de la Tamise, en face de Windsor. C'est là qu'ils allaient habiter désormais, sous le même toit que les Pères du troisième an de Probation. Quant à notre Frère, il ne fit qu'entrevoir cette seconde maison d'exil. Quelques semaines plus tard, il était à Jersey, afin d'y commencer son cours de philosophie (1).

C'était, dans sa vie religieuse toujours la même, une situation quelque peu nouvelle. Il l'abordait joyeusement, partagé entre la gratitude pour le passé et les plus saintes résolutions pour l'avenir. « Vous voulez savoir dans quelles dispositions j'ai quitté cette chère communauté du Juvénat. C'est d'un cœur joyeux, reconnaissant, élevé à DIEU. J'ai reçu là du Seigneur JÉSUS tant de grâces imméritées ! Naturellement, spontanément, mon âme n'a qu'un cri : C'en est assez, Seigneur JÉSUS, c'en est trop. A vous grâces éternelles ! » En même temps, il écrivait au guide de ses cinq premières années religieuses : « Je tâcherai, pour vous contenter après JÉSUS et Marie et pour honorer la formation que vous m'avez donnée, de me conduire toujours en fils

----

(1) Je lis dans une courte notice consacrée à Léon Besnardeau par la *Semaine religieuse* du Mans : « L'air humide et brumeux de l'Angleterre convenait peu à la délicatesse de son tempérament. Au mois d'octobre 1884, il fut envoyé sous un ciel plus clément, à Jersey. » Il y a ici une inexactitude, que l'on trouve également reproduite dans le compte-rendu de l'Association amicale des anciens élèves de Sainte-Croix (1887). La santé du Frère n'avait nullement souffert du climat d'Angleterre et, dès lors, cette considération ne fut pour rien dans son changement de résidence. Il se rendit à Jersey parce que, son Juvénat terminé, ses supérieurs l'appelaient en philosophie, et que le Scolasticat de la province a trouvé asile à Saint-Hélier, depuis que les décrets de 1880 l'ont expulsé de Laval.

obéissant, ayant l'instinct d'obéir, en fils de la Sainte Vierge, en bon frère avec mes frères, en ami et en frère docile envers Notre-Seigneur. »

Dans ce programme qu'il devait si bien remplir, il traçait d'avance l'histoire de son séjour à Jersey, d'ailleurs ne soupçonnant guère que la mort en écrirait bientôt la dernière page. Cette page si belle se retrouvera en son lieu. Contentons-nous de relever ici quelques traits fort simples de la vie du Frère dans les quinze mois qui précédèrent encore le déclin de sa santé.

Nouveau venu dans la plus jeune des deux communautés réunies, il retrouvait avec délices les joies de la charité religieuse, mais non plus cette popularité sainte, cette influence extraordinaire, cette véritable royauté des cœurs, dont il avait joui au Juvénat. Il fallait tout reconquérir, ou plutôt il était trop simple pour y prétendre, et d'ailleurs la force des choses ne le lui eût pas permis. DIEU avait ses desseins : il voulait que la valeur exceptionnelle de cette âme demeurât comme voilée pour quelques yeux, jusqu'au moment où, selon le mot d'un témoin, la mort devait déchirer tous les voiles et provoquer autour du jeune Religieux un mouvement, c'est trop peu dire, une explosion de vénération universelle.

Les études que lui commandait l'obéissance l'éprouvèrent un peu, et il fallait s'y attendre. Les mathématiques surtout devaient paraître sévères à ce tempérament d'artiste, à cet esprit si jeune, pour qui, d'ailleurs, elles étaient l'inconnu. Il lui en coûta quelquefois beaucoup de voir l'enseignement courir devant lui trop vite pour qu'il pût le suivre, et il avoua qu'il avait passé certaines classes à ronger son frein pour ne pas pleurer. Quant à la philoso-phie, il l'aima, non seulement par vertu, mais par conviction et par goût. J'ai dit plus haut sur ses aptitudes le jugement de son professeur, jugement après tout fort honorable. Le Frère portait au degré suprême l'amour du vrai, du certain, du lumineux. Sans l'étonner outre mesure, les obscurités et les doutes, auxquels il fallait se résigner, l'affligeaient jusqu'à lui tirer des larmes qu'il allait répandre devant le Saint-Sacrement. Plus ami de la vérité que de la dispute, il souffrait grandement des inévi-tables dissidences d'opinion sur les points libres. La docilité fut son recours. En lui assurant la paix, elle l'établit dans le juste milieu de la sagesse, entre les engouements extrêmes et les dégoûts injustes qu'ils provoquent souvent par réaction. Cette fois encore, l'humilité du cœur avait bien servi la recti-tude pratique de l'intelligence.

On entend assez que, selon la lettre et l'esprit de la règle, il voulut porter dans les discussions néces-saires la charité la plus attentive. Il écrivait à un frère qui lui en avait donné le droit : « Je vous ai entendu discuter le ton haut... Concevez-vous qu'un homme qui défend la vérité pour elle-même ou pour éclairer autrui le fasse de la sorte ? Il est calme, parce qu'il est sûr d'elle et de lui. Le contraire est d'un homme qui défend la vérité pour lui-même. Et puis, entre Frères, il est très rare qu'on ait le devoir de défendre la vérité, vu qu'on s'entend sur l'essentiel. Cédons, par conséquent, aux gens têtus, ne froissons pas ceux qui se trompent, effaçons-nous devant les incorrigibles. »

Une autre fois, il lui écrivait encore :

« Voulez-vous que nous nous retrempions dans les principes ?

» 1º Si le ton s'élève, coupons court ; c'est signe que l'un des deux s'emporte : rien à espérer.

» 2º Céder toujours, au moins de fait, quand il n'y va pas d'un intérêt supérieur et qu'on a un adversaire têtu.

» 3º Ne pas trop ergoter, c'est-à-dire subtiliser avec une demi bonne foi, à propos de rien. »

Principes excellents que sa pratique personnelle ne démentit jamais.

En somme, le Scolasticat lui fut une carrière quelque peu laborieuse, ayant ses peines légères et ses aridités relatives. Mais il les combattait et les dominait à la manière des saints. Un effort, un sacrifice ramenait la joie profonde. Il écrivait dans un moment d'épreuve : « Je fais une visite au Saint-Sacrement et j'emporte avec moi la paix militante de Notre-Seigneur. » Il écrivait encore : « Dans les occasions où nous avons à reconquérir la paix du cœur, sans grâce d'en haut qui nous incline à la demander ou qui déjà nous la donne, un moment d'effort nous vaut un profond sentiment de bonheur, après que nous avons résolument lutté contre l'obstacle. Jusque dans ma douce vie du Scolasticat, il y a des expériences de ce genre. »

Bien douce vie, en effet, et bien justement aimée. Vie de perfection soutenue, de progrès constant et paisible, mais bien appréciable pour ceux qui revoyaient le F. Besnardeau après quelque temps d'absence. L'un d'eux témoigne qu'à Aberdovey la lutte contre la nature, l'effort pour dominer une contrariété se trahissait de temps à autre par une faible rougeur ou, un pli rapide au visage, mais que, retrouvant le Frère à Jersey, il ne put rien saisir de semblable. C'était la paix dans l'entière possession de lui-même. C'était la victoire achevée jusqu'à effacer toutes les traces du combat. C'était la maturité de la vertu parmi toutes les bonnes simplicités de l'enfance. C'était aussi, — est-il besoin de le dire? — une régularité parfaite, inconfusible, et non pas sans mérite assurément. Il lui en coûtait, par exemple, de répondre en latin, selon la règle, à ceux qui s'oubliaient à lui parler français en temps de silence.

N'était-ce pas leur faire la leçon ? Mais n'importe : l'obéissance passait avant tout.

Aussi, tandis que d'aucuns l'appelaient *l'enfant philosophe*, d'autres, encore mieux inspirés, disaient « un Berchmans artiste », et jamais peut-être cette âme d'élite n'a mieux été définie en deux mots. D'ailleurs, ce rapprochement glorieux n'était pas une hyperbole ; il s'imposait aux plus graves esprits. Après avoir vu le Frère à l'œuvre pendant deux années, après avoir reçu son dernier soupir, le R. P. Recteur du Scolasticat ne craignit pas de soulever publiquement ce doute : « Vous figurez-vous Berchmans observant mieux les règles ? » Voilà qui dit mieux que tout le reste ce que fut à Jersey le Frère Léon Besnardeau.

J'arrête ici la première partie de ces souvenirs. Elle n'était dans ma pensée qu'un léger cadre préparé d'avance pour y poser cette gracieuse et sainte figure. Le moment est venu de la dessiner elle-même, en accusant surtout les deux traits vraiment originaux qui la distinguent : Charité admirable envers les hommes, amour ardent, véritable et sainte passion pour Notre-Seigneur JÉSUS-CHRIST.

DEUXIÈME PARTIE.

Le Frère Besnardeau dans la vie de Communauté.

I

QUAND on se demande quel a été parmi nous le rôle du Frère et ce que voulait la Providence en l'attirant à la Compagnie pour l'y faire sitôt mourir, on est ramené tout d'abord à une touchante scène de l'Évangile. Un jour les disciples s'approchèrent de JÉSUS et lui dirent : « Qui est, pensez-vous, le plus grand dans le royaume céleste ? » Et JÉSUS, appelant un enfant, le plaça au milieu d'eux et leur dit : « En vérité, je vous le déclare, celui qui s'humiliera comme cet enfant, celui-là est le plus grand dans le royaume des cieux. » Il est bien vrai que le Maître avait appelé cette jeune âme et l'avait placée au milieu de nous comme un modèle d'humble simplicité, mais encore de vertu aimable et engageante. Il voulait montrer dans un exemple tout gracieux que la régularité la plus rigide s'allie sans effort à une gaité franche, spontanée; que, loin d'obliger à une contrainte chagrine, elle laisse un libre jeu à l'expansion de la nature. Mais ce n'est pas tout encore et la mission providentielle du F. Besnardeau semble avoir été de répandre, parmi les jeunes Religieux ses frères, une joie suave et sainte, de développer l'esprit de famille, la simplicité, la charité affectueuse, délicate, merveilleusement féconde en ressources et en inventions. Ceux dont je transcris littéralement le témoignage ajoutent que cette mission vint à son heure, parmi les tristesses et les périls possibles de la persécution commençante, et en vérité, pour le grand nombre de ceux qui l'approchèrent cette âme charmante fut comme une fleur parmi les épines de l'exil.

Aussi aurait-on peine à se figurer jusqu'où alla son influence et combien elle fut puissante pour le bien, mais le bien le plus solide et le plus sérieux. J'ai dit qu'à Jersey les circonstances l'avaient comme enveloppée d'ombre, encore bien qu'elle restât grande sur quelques-uns. A Aberdovey, elle avait été à peu près universelle. Presque tous avaient subi le charme et en gardent à tout jamais le souvenir ; pour un certain nombre, le charme a été si profond et si saint qu'il demeure comme une des meilleures grâces de leur début religieux.

Un des plus graves témoins, le mieux placé pour tout voir, affirme n'avoir jamais rencontré en trente ans d'expérience quelque chose que l'on puisse comparer, même de très loin, à l'action de cet enfant sur ses frères. « Cette action fut, dit il, si générale et si efficace que c'est à lui, comme cause première après

Dieu, qu'il faut attribuer tout le bien qui s'est fait à Aberdovey pendant quatre ans, la charité si grande qui y a régné, l'amour de la Compagnie et la joie qui s'y sont développés. Ce n'est pas qu'il donnât aux autres beaucoup de conseils, ni qu'il exerçât toujours dans les conversations une influence prépondérante ; mais il avait, dans tous ses procédés, ses paroles et ses manières de faire, quelque chose de singulièrement gracieux, d'enfantin et de céleste à la fois, de réservé et d'affectueux. On était pris sans s'en douter. Il entrait dans les âmes avec une suavité merveilleuse. Cette douce et pénétrante impression, bien peu savaient s'en défendre. Que d'âmes il a consolées, souvent sans le savoir ! Sa présence dans nos rangs à l'heure de l'expulsion, et pendant les premières années d'exil, a été une des plus grandes grâces que Dieu nous ait accordées. »

Et voilà tout ce qu'il faudrait ressaisir et fixer en quelques pages, soit pour en raviver l'empreinte chez ceux qui la portent ineffaçable, soit pour en faire partager le bienfait à ceux qui n'en ont pas eu la sainte jouissance. Précieux instrument de Dieu et des Supérieurs dans l'œuvre de la sanctification commune, vrai apôtre parmi ses frères, le jeune Religieux peut l'être encore, et plût à Dieu d'attacher à ces très fidèles souvenirs un reste et comme un reflet lointain de l'influence qui rayonnait de sa personne !

D'où lui venait-elle ? Qui a pu donner à un tout jeune homme cet ascendant sur des égaux dont la plupart le dépassaient en âge, quelques-uns en talent formé, en expérience de la vie ?

Il est vrai de dire que tout en lui était bien fait pour attacher. Si je voulais tout d'abord donner quelque idée de son extérieur, me refuserait-on le droit de rapppeler ce passage presque intraduisible de St Ennodius, que l'Église applique à notre Saint Stanislas Kostka ? « On voyait fleurir en lui, mieux qu'en tout autre, la modestie mère des bonnes œuvres. Le rayonnement gracieux de sa personne extérieure était un indice de son âme. Ses joues étaient riantes, ses lèvres vermeilles rendaient deux fois agréable le miel de sa parole. Où qu'il tournât les yeux, son regard disait la sérénité de sa pensée. Son front avait la belle blancheur de la cire, avec la candeur éthérée et lumineuse que donne le rayon de soleil. Son visage ressemblait à sa vie » (1).

Dans ces lignes, écrites par un saint pour un autre, tous ceux qui ont vu le F. Besnardeau le reconnaîtront sans hésiter. Encore souhaiteraient-ils d'ajouter plus d'un trait. Ils n'oublieront jamais, par

---

(1) Vernabat in illo præ cæteris mater bonorum operum verecundia : formositas lucis corporeæ index animæ fuit. Ridebant genæ ; nitida simul labia commendabant dupliciter mella sermonum ; necnon, quocumque vertisset oculos, serenitatem mentis nuntiabat aspectus ; frons cereæ pulchritudinis, et candoris illius, quæ solis passa radios colorem traxit ab æthere ; vultus vitæ similis (S. Ennodius episc. in vita S. Epiphanii).

Léon Besnardeau. 5

exemple, cette modestie que l'on a qualifiée d'idéale, modestie toute grave et toute simple, sans ombre d'affectation ni d'effort, et par contre cette sorte de détente soudaine qui se produisait dans toute la personne, dès que l'expansion de la vie n'était plus enchaînée par le devoir ; — ce rire frais et perlé, mais sans bruit ni éclat, ces gestes, ces mouvements contenus et plutôt petits, mais rapides et décidés comme naissant d'une résolution vive et nette, ces élans d'allégresse naïve qui faisaient dire à quelqu'un que le Frère était un composé de petits ressorts. Ils auront toujours devant les yeux cette vie tressaillante, ce feu de joie sainte et fraternelle, que le signal du silence faisait tomber à l'instant et se perdre sans transition appréciable dans une gravité douce et recueillie.

Ainsi la présence de cet enfant était-elle à elle seule un premier apostolat et déjà très efficace. Faut-il être sévère à ceux qui avouent avoir çà et là manqué un peu à la modestie pour jouir un moment du spectacle de la sienne, ou s'être attardés dans les corridors pour le laisser passer devant et le suivre plus longtemps du regard ? Il prêchait donc en se montrant et sans songer le moins du monde à se montrer.

Or, ce qu'il prêchait ainsi, ou plutôt ce que respirait toute sa personne muette ou parlante, c'était d'abord la joie. On a dit avec une frappante vérité :

« Du fond de cette âme innocente semblait monter sans bruit une joie perpétuelle. » C'était encore la pureté avec sa paix aimable et contagieuse. Une âme tentée avouait : « J'admire en lui une constante sérénité, une paix que rien ne trouble, une délicieuse simplicité qui, s'ignorant elle-même, fait le bonheur de tous. Près de lui, je me sens meilleur et je souffre moins. Il me semble que ce cœur déborde de pureté. » On a dit encore : « C'était une fleur d'innocence ; la fleur réjouissait, elle embaumait. Sa seule vue faisait aimer la pureté et réveillait, chez ceux qui pensaient ne l'avoir pas gardée aussi intacte, une douleur poignante et douce à la fois C'était une vision de paix. Sa candeur simplifiait les âmes ; sa simplicité dissipait les nuages dans les cœurs plus orageux. »

On se demandait comment il s'y prendrait pour vieillir, et on ne pouvait se le représenter autrement que jeune. A vrai dire, il y eut tel moment où son air d'extrême jeunesse lui valut, de la part de quelques-uns qui ne le connaissaient pas, certaines humiliations fort imméritées. Mais d'ordinaire et chez le plus grand nombre, l'impression dominante était celle du respect, de ce respect plein d'admiration que l'on éprouve « en présence des hommes avancés en sainteté, qui ne respirent que pour DIEU. » Parfois même, on allait jusqu'à une sorte de vénération craintive ; on appréhendait de le scandaliser, on

priait au commencement d'une récréation pour obtenir de ne pas laisser échapper un mot qui lui fît de
la peine. Rien que d'attrayant, du reste, dans ce sentiment profond et grave qu'inspirait son aspect ;
« On se sentait à la fois plus mauvais et meilleur à
la vue d'une âme tout éprise de DIEU et tout unie
à Lui ; on se sentait meilleur par le contact enga-
geant de cette naïve perfection qui, sous l'action de
DIEU, vous disait tout simplement qu'il n'y avait
nulle difficulté à tout cela, et que, pour lui, tout cela
était naturel. » Voilà ce que prêchait le F. Besnardeau, ce qu'on lisait dans son regard, dans ses
allures, dans toute sa physionomie extérieure. Auprès de lui, la règle devenait facile qui commande
de voir DIEU dans les créatures. De toutes parts, ce
sont des témoignages comme celui-ci : « Le Bon
DIEU était chez le F. Besnardeau comme le soleil
sous le nuage, et chaque jour le nuage devenait
plus diaphane. » — « J'aimais sa parole, son sourire,
sa conversation, sa lecture, ses lettres, ses confidences et, plus que tout, sa présence. JÉSUS était là.»

Parmi nous il passa comme un songe rapide :
    Je vois encor cet air de paix ;
Je vois, aux jours d'angoisse ou de nuage épais,
Se reposer sur moi son beau regard limpide.
Sans desseins calculés ni longuement conçus,
Simple comme un enfant, calme et pur comme un ange,
Il allait répandant sur tous un charme étrange.
    Son seul aspect disait : « JÉSUS ! »

II.

POUR justifier une influence aussi extraordinaire que celle du F. Besnardeau, il ne suffirait pas assurément d'un extérieur plein de toutes les distinctions naturelles ou même tout rayonnant de la vive transparence de DIEU ; l'esprit et le caractère doivent entrer en ligne de compte, et nous verrons encore que là n'est pas le dernier mot.

Aussi bien, le tour d'esprit ne nous est pas inconnu: bon sens prompt et ferme, avec une pointe d'originalité enfantine, relevé d'ailleurs par une imagination riante et artistique au premier chef. De là le charme d'une conversation que le vrai, le beau, le bien soulevaient pour ainsi dire en élans joyeux, et animaient d'une verve contenue mais toujours féconde. Disons, le premier charme du moins; car le caractère, le cœur, l'âme sainte y joignaient un attrait bien supérieur à tous les agréments de l'esprit.

Et pour ce qui est en particulier du caractère, nous en connaissons le trait principal ; mais il faut nous attendre à rencontrer partout et sous bien des formes différentes cette alliance, toujours saisissante mais ici exceptionnellement accusée, de la grâce avec le sérieux, de l'enfance avec la maturité. D'ailleurs si le F. Besnardeau n'avait jamais été en situation de connaître le monde, en revanche, DIEU lui avait largement donné l'élévation, la délicatesse, le goût naturel de toutes les distinctions et de toutes les élégances, l'horreur pour la familiarité et le sans gêne. En fait de pensées ou de procédés comme en matière d'art par exemple, il allait d'instinct au grand, au beau, au noble, à jamais incapable de prendre le change, de confondre la vulgarité, la médiocrité systématique, avec la simplicité.

Caractère élevé, délicat, mais en même temps doué de la facilité la plus heureuse, vraiment né pour le bonheur d'autrui comme pour le sien propre. Lui-même se l'avouait; il s'en avertissait plutôt comme d'une cause possible d'imperfection. « Notre-Seigneur est enfin parvenu à me faire comprendre que, en dehors des exercices de piété bien faits, tout le reste, amour de mes Frères, jouissances du cœur, estime, influence, bon exemple, édification donnée, tout cela n'est rien parce que j'ai cela trop facilement. » D'autres pensaient de même ; ils estimaient que l'abnégation parfaite lui était spécialement nécessaire, en proportion de ses ressources de caractère et de sa pente naturelle à la vertu. Heureuse l'âme qui trouve là son écueil ! Parfois même, on eût incliné à croire que la vertu ne lui coûtait rien, que sa charité, par exemple, son exquise charité, sortait sans effort d'un fond intarissable de complaisance et, pour ainsi dire, de l'abondance d'un cœur privilégié.

Nous aurons lieu de voir qu'il n'en était pas toujours de la sorte.

Par contre, sa réelle facilité de caractère n'impliquait-elle pas une certaine part de mollesse ? En le présentant au Noviciat, son Recteur de collège le donnait comme un peu mou. A entendre le F. Besnardeau lui-même, cette appréciation ne serait que juste. « De la volonté, de l'énergie, je n'en ai pas. Je n'ai pas dans ma nature la volonté qui soulève ; j'ai l'amour, l'admiration, l'enthousiasme ; je saisis, mais je ne suis pas entraîné. »

S'il faut tout dire, je souhaite grandement que l'humilité n'ait pas forcé le reproche, et que, dans cette âme si bien douée du reste, la vigueur native n'ait pas été absolument à la hauteur des autres dons. La gloire en serait plus grande et pour la grâce qui aurait admirablement suppléé la nature et pour la fidélité qui aurait si pleinement répondu à la grâce. Qu'il y ait eu dans le tempérament quelque mollesse, qu'importe, si les actes ont été généreux ? Ou plutôt, quel honneur à DIEU et à la volonté du Frère d'avoir tiré si bon parti d'une nature plus ou moins débile ! Peu de mois avant sa fin, rendant compte de son intérieur au R. P. Provincial, il revenait encore sur sa plainte accoutumée, mais la vérité l'obligeait d'ajouter bientôt : « Dans l'ensemble, je crois pouvoir le dire, je ne pratique pas la règle mollement ni la perfection mollement. » Sa conscience ne le trompait pas en ce point, car son dernier Supérieur a pu le mettre dans le petit nombre de ceux qui vont « jusqu'au bout d'eux-mêmes, » c'est-à-dire jusqu'au point de perfection où la grâce les appelle et plus loin que leur nature ne semblerait capable de suivre. Cet enfant, né mou peut-être, a eu dans un degré rare ce beau caractère de la force, la constance dans la fidélité. Grande leçon et bien encourageante pour les âmes qui se sentent faibles. L'amour supplée le courage ou plutôt il le crée, et nous le verrons, c'est bien l'amour, l'amour passionné pour Notre-Seigneur, qui a fait la vertu du F. Besnardeau.

III

QUANT à son influence où il nous faut revenir, nous ne nous trompons certainement pas de l'attribuer avant tout à sa charité.

Charité hors ligne, exceptionnelle, inoubliable pour ceux qui en ont joui, capable d'ailleurs, j'ose le croire, de charmer et surtout d'édifier, même à distance, et d'exciter l'émulation dans de jeunes âmes, en leur découvrant un idéal peut-être supérieur en quelques points à tout ce qu'elles auraient pu voir ou penser. La charité, trait caractéristique de cette pure physionomie et son titre le plus aimable au souvenir et à la vénération des survivants.

Il est une première sorte de charité plutôt négative ; c'est l'attention à ne pas nuire, le respect jaloux de la réputation, l'horreur de la critique et du blâme déversé sur autrui. Or, cette vertu d'abstention, déjà passablement méritoire, était portée chez le Frère, à un degré de perfection inconfusible ; jamais on ne put la prendre en défaut. « Il faut presque toujours garder notre blâme pour nous, » a-t-il écrit quelque part. Telle était sa maxime et l'on eût vainement essayé de l'amener à s'en départir. Un jour, quelqu'un veut lui arracher une adhésion à un jugement sévère et sur des faits notoires du reste. « Que vous êtes méchant ! » répond-il avec un sourire. — On insiste. « Mais vous pensez de même. » Il s'en défend. — On précise, on rappelle quelques détails. Peine perdue : on n'obtient que des paroles comme celles-ci : « Je ne m'en souviens pas..... Cela ne m'a pas frappé..... Je n'y ai pas pris garde. » Plus d'une fois il eut à subir des tentations de ce genre et toujours le tentateur en fut pour ses frais.

Si le F. Besnardeau refusait de s'associer au blâme, il répugnait aussi à l'entendre. Il écartait ou combattait doucement les appréciations défavorables sur les personnes ou les choses, mais, avant même qu'il eût parlé, son visage prenait une visible expression de souffrance, et tel était le respect de tous, qu'il n'en fallait souvent pas davantage pour arrêter une critique trop verte, un mot trop vif. La dispute lui était partout odieuse, au jeu par exemple comme en matière de littérature ou de philosophie. Si quelque joueur s'échauffait à réclamer son droit ou l'observation d'une règle, le F. Besnardeau s'approchait et lui glissait doucement à l'oreille : « Mieux vaut perdre que disputer. »

Il est écrit de la charité qu'elle ne croit pas volontiers au mal, qu'elle n'éprouve pas de joie maligne à le découvrir, qu'elle se réjouit bien plutôt de rencontrer le vrai, le juste, la vertu. Non qu'elle soit aveuglement volontaire, optimisme béat, voire même illusion d'inexpérience. Saint Jean Berchmans notait hardiment, pour ne pas l'imiter, ce qui lui déplaisait dans tel ou tel. Ainsi le F. Besnardeau n'était pas sans apercevoir les défauts de ses frères et, quand il s'y croyait tenu en conscience, il les signalait aux Supérieurs avec une ferme précision, j'en ai sous les yeux la preuve. Mais hors de là, hors de l'occasion d'être utile, on eût dit qu'il ne voyait plus. Quant aux qualités et aux mérites, les entendre louer lui était une joie, et c'en était une autre de les découvrir par lui-même. Aussi a-t-on pu dire qu'il avait la débonnaireté de la charité, qu'il voyait tout en beau dans ses frères. Il est de fait qu'il s'y étudiait avec bonheur, qu'il explorait leurs âmes dans ce sens et avec cette intention ; c'est ce qu'il appelait gaîment faire de la géographie psychologique.

Discrétion, indulgence, réserve constante dans la parole et le jugement : voilà certes des habitudes de haute valeur à un âge où la parole est vive, le jugement prompt, entier et plutôt sévère. Elles auraient suffi à rendre le F. Besnardeau singulièrement aimable ; toutefois son ascendant extraordinaire, ce que j'ai nommé justement sa royauté sur les cœurs, tenait surtout à une charité bien plus positive, bien plus agissante. Non seulement il avait cette perfection louée du Saint-Esprit, qui consiste à n'offenser pas en actes ou en paroles; mais il y joignait dans un degré exceptionnel cet amour pratique de ses frères, à quoi l'on reconnaît le disciple de JÉSUS-CHRIST. Est-il possible qu'un jeune homme enveloppe de plus d'attentions et d'ingénieuses bonnes grâces l'art de se faire tout à tous ? Nombre de témoins en douteraient. En tout cas, c'est bien ici qu'il faudrait étudier le F. Besnardeau, le prendre sur le fait et, DIEU aidant, aspirer à le reproduire.

Le dévouement fraternel, le don de soi n'était pas en lui la pure et simple expansion d'une nature aimante. A la bonté native se joignait le principe réfléchi, surnaturel. « Je suis un bien public, j'appartiens à mes frères, j'appartiens à DIEU. » En vertu de cette maxime écrite dans ses notes spirituelles, il se tenait toujours prêt à rendre service, toujours les reins ceints, le *tablier mis*, suivant sa façon originale de traduire le texte évangélique.

Ainsi le conseillait-il à un Frère et il ajoutait :
« Comptez comme services un sourire, une bonne
parole, un mot d'affection parfois. On peut faire du
bien par là. »

Rendre service, mais toujours pour aboutir à
faire du bien, c'était un emploi, une mission que le
Frère croyait avoir reçue de DIEU avec la vocation
même; c'était, à ses yeux, une compensation d'honneur et de justice pour la part de joie qu'il trouvait,
quant à lui, dans la charité commune. Voilà qui le
soutenait, qui l'animait à l'effort, car, à cette prodi-
galité active de soi-même, l'effort est souvent nécessaire et il ne l'ignorait pas. « Frère, écrivait-il un
jour, parfois vous ne sentez pas que vous aimez vos
frères, et alors vous croyez ne pas les aimer. Or,
l'amour est dans la volonté; aimer, c'est vouloir faire
du bien. On peut vouloir du bien à quelqu'un sans
en être ému ; on le peut même en sentant quelque
chose qui voudrait dire : non. » Et cet effort qu'il
conseillait, il en éprouvait le besoin pour lui-même.
« Quelquefois je me force pour dire à un Frère : Je
vous aime bien. Je ne sens pas grand chose, mais il
sent, lui, que ma parole est sincère. Je suis parfois
mal disposé au commencement d'une récréation.
Alors, je dis de mon mieux mon *Ave Maria* et je me
lance.» — Et il se lançait si bien qu'on ne soupçonnait pas l'effort. L'effort était là pourtant. L'ardeur
expansive de l'âme ressemble à l'inspiration : elle

vient à ses heures et on ne la commande pas, mais du moins on la supplée, et c'est alors qu'elle devient vertu.

Qu'y avait-il au fond de cette charité toujours en éveil et en action parmi les inégalités de disposition et d'humeur ? Une grande abnégation, une parfaite négligence de soi. De là cette belle souplesse du cœur, cette facile promptitude à entrer par sympathie dans les sentiments de ses frères. On a dit du F. Besnardeau qu'il se donnait, qu'il se livrait avec une candeur parfaite, heureux avec les heureux, triste avec les affligés, vide de lui-même et par suite facile à s'impressionner des émotions des autres.

Leur joie devenait la sienne. Un jour que l'on s'empressait autour de quelqu'un pour lui souhaiter sa fête, il s'écrie : « Oh ! quel plaisir de voir des Frères si aimés ! »

Mais le plus souvent, c'est à compatir que la charité se montre, et c'est bien là aussi que le F. Besnardeau se prodiguait lui-même. Que d'encouragements affectueux aux malades, aux absents, à ceux qui luttent avec les difficultés d'une situation quelque peu nouvelle ! Un Juvéniste est renvoyé en France pour cause de santé : le F. Besnardeau rédige pour lui un petit journal, à raison de cinq minutes par jour. Il voudrait prendre au moins la moitié de toutes les peines, et il écrit ce mot charmant : « Il faut pourtant se résigner à être heureux devant un Frère qui souffre.» Il regrette son inexpérience, craignant qu'elle ne lui dérobe le sens des peines étrangères. « Pauvre Frère! Je n'ai pas encore assez souffert pour vous compatir assez bien. » Sa compassion n'oublie personne, elle remonte avec une simplicité courageuse jusqu'à ceux qu'on n'a guère la hardiesse ou même la pensée de consoler, jusqu'aux Supérieurs qui portent les souffrances de tout le monde et ne trouvent pas pour les leurs de confident sur la terre. Novice, il écrit à son Père Maître : « En sortant de chez vous, mon Révérend Père, j'ai eu cette pensée : Le Père Maître ! tout le monde se donne à lui, et lui qui sait tout le monde par cœur, lui qui connaît le secret de toutes les âmes, à qui se donne-t-il ? à JÉSUS. En vertu de la charge de Supérieur, c'est à JÉSUS seul que tout doit se dire, les joies, les déceptions, les désolations, les souffrances. Mon Père, pardonnez-moi si j'ai été si loin, jusqu'au fond de votre cœur : c'est la pensée de JÉSUS qui m'y a conduit. » (Juillet 1881.) — Et de quoi plaint-il ceux qui gouvernent ? De n'être pas toujours assez puissants pour soulager les âmes. Témoin lui-même de certaines épreuves, il pense au consolateur d'office et il lui écrit encore : « Ce qui m'a frappé et me fait réfléchir, c'est de songer que ces douleurs, dont je vois une minime partie, passent toutes sous vos yeux et par votre cœur, et que, si vous pouvez soutenir et éclairer, vous ne pouvez bien souvent pas donner la consolation entière. Mon Père, je mets mon cœur à côté du vôtre, en disant que moi, votre enfant, je comprends les regrets de mon Père et que j'y compatis. J'aurais voulu bien des fois vous décharger de ces soins autant qu'un fils peut le faire. Si je ne le puis, au moins puis-je vous dire que je les comprends et que, par mes prières, je tâche de les amoindrir....

» Oh ! mon Père, comme il est pénible de savoir que l'on souffre autour de nous ! Je voudrais, s'il était possible, consoler toutes les épreuves, panser toutes les plaies. Mais une chose me console moi-même : c'est que ceux qui souffrent ainsi sont sous la main de JÉSUS, qui travaille en eux pour sa gloire. Au Ciel, nous jouirons tous en DIEU les uns des autres. Oh ! alors, aimer, aimer sans trouble, sans inquiétude, sans crainte de pécher, cela vaut bien la peine de souffrir ici-bas avec JÉSUS et à cause de JÉSUS. Bénissez-moi, mon Père, afin que, mon tour venu, je souffre aussi vaillamment que je vois mes frères et mon Père souffrir. »

C'est quelque chose assurément que la sympathie, la sympathie de cœur, de parole et de prière. Mais la charité du F. Besnardeau était trop agissante pour en rester là, pour se contenter même de rendre service. Avec l'âme toujours ouverte aux sentiments d'autrui, avec le dévouement toujours prêt à obliger, elle avait la délicatesse vigilante qui devine le besoin, épie le moment et court au-devant de l'occasion. Joignez-y l'entrain joyeux, la spontanéité candide, l'imagination féconde, originale, en tout gracieuse et sainte : de tout cela se composera l'art exquis des attentions, et j'ai dit ailleurs que le F. Besnardeau y était passé maître.

Les attentions ! ces mille riens charmants plus appréciés parfois que les services mêmes, petite monnaie de la charité, dont se fait ce qu'on a si bien nommé l'aumône du bonheur ! Les dédaigner à titre de minutie ou d'enfantillage du cœur, serait le fait d'une sagesse quelque peu chagrine, le fait de l'inexpérience aussi. Les plus forts à s'en passer pour eux-mêmes, ne sont-ils pas quelquefois les plus tendres à les prodiguer autour d'eux ? Et n'en trouverait-on pas bien des exemples dans la vie de saint Ignace, l'homme grave et fort par excellence ? Précieuses dans les relations d'amitié ou de famille, que ne peuvent-elles pour embellir, pour sanctifier même la vie de communauté, laquelle est, au jugement des saints, joie et mortification tout ensemble ? Pour moi, j'ose le dire sans crainte d'être démenti par ceux qui ont vu , F. Besnardeau à l'œuvre, c'est bien à la lettre que l'état religieux serait un paradis terrestre, si chacun appliquait à l'art des attentions charitables autant de vigilance d'esprit et d'entrain de cœur.

Cet art délicat, apostolique, certes le F. Besnardeau ne l'avait pas inventé. On le pratiquait avant lui et lui-même n'a rien fait en ce genre qui ne soit passé en tradition pratique chez ses jeunes émules. Sa gloire, au jugement de tous, est de l'avoir fait mieux que pas un, d'avoir contribué. plus que personne à maintenir, à enraciner cette tradition sainte. Rappelons enfin, pour être juste, que ses ressources de nature lui permettaient d'y mettre une grâce qui ne saurait être le fait de tous.

Il avait un carnet devenu légendaire, où il tenait registre des fêtes, des anniversaires, des dates joyeuses ou tristes de chacun; de là sortait à point nommé l'allusion gracieuse, le mot aimable, le témoignage d'union cordiale et surtout la promesse d'une bonne prière. A la veille des solennités religieuses, c'était pour ses intimes ou encore pour ceux qu'il savait affligés, un billet pieux, une bonne pensée suggérée. un appel discret à la ferveur. Cœur intarissable et souple à miracle, esprit alerte et industrieux, les menues reliques de sa charité abondent sous la main du biographe et l'on m'en voudrait de n'en pas recueillir quelques-unes.

Plus d'une fois, par exemple, au jour où tombait la fête d'un Frère, il s'arrangea pour se trouver en promenade avec lui. Alors, il s'écartait un peu de la bande, notait rapidement un chant de sa façon, paroles et musique, puis revenait le faire exécuter en l'accompagnant de quelques souhaits affectueux.

Le talent se montrait çà et là dans ces impromptus fraternels ; mais qu'importe le talent auprès de la chaude inspiration de l'âme ? Un jour, c'était la fête d'un Frère qui, longtemps éprouvé par une maladie, voyait enfin, après quatre années d'angoisse, arriver le jour de ses vœux. Le F. Besnardeau lui crayonna ces quelques vers.

C'est aujourd'hui, Frère, la saint Henri,
Trente longs jours restent encore,
Tout un mois ! Lente et douce aurore
Du bonheur dont l'espoir vous a longtemps nourri !
Votre JÉSUS, enfin vous l'aurez. — Quelle flamme,
Quels beaux élans d'amour soulèveront votre âme,
Quand JÉSUS vous aura souri !...
Oui, Frère, telle est la pensée
Que votre fête éveille en nous ;
Nous nous réjouissons, nous chantons avec vous,
L'infortune passée
Et l'avenir plus doux.
En formant nos souhaits, nous disons : heureux Frère !
A votre long appel JÉSUS a répondu.
Vous alliez droit à Lui malgré le vent contraire,
Heureux pour avoir cru sans vous laisser distraire !
Plus heureux pour avoir plus longtemps attendu !

Au Juvénat, un nouveau venu prend place dans la classe au cours de l'année scolaire. Il trouve écrit au tableau ce compliment de la façon du F. Besnardeau.

Un petit oiseau fraîchement éclos
Vient se joindre à nous pour prendre ses plumes,

Parmi la chaleur de nos gros volumes,
A l'ombre des murs et des noirs tableaux.
C'est le dernier né dans la jeune classe ;
S'il est tard venu, qu'il soit plus fêté
Qu'il soit plus chéri, qu'il soit plus chanté,
Qu'il ait dans nos cœurs la plus belle place,
Que le dernier né soit l'enfant gâté !

Tous moyens étaient bons pour consoler ou réjouir: la prose, les vers, la musique. Un novice Irlandais est à l'infirmerie : notre artiste va lui jouer du violon, Au reste, ses attentions n'oublient personne. A Jersey, un jour de fête, un bon Frère Coadjuteur, étant de service au réfectoire, est privé d'entendre une chanson du F. Besnardeau, et il s'en plaint. Dans l'après-midi, l'auteur lui en apporte une copie.

Or, il est bon de le redire : tout cela n'est pas seulement, ni même avant tout, spontanéité de nature. Il y a là un plan de conduite raisonné, surnaturel. « C'est le cœur qui fait vivre, écrit le Frère, c'est l'affection qui soutient. Veillez donc toujours avec jalousie à ce que personne autour de vous, inférieur, égal, supérieur même, ne puisse se croire abandonné sous ce rapport. Que chacun voie et sache qu'il est aimé, au moins de vous. Sentir cela, *addit animum et vires in Domino*, comme dit saint Ignace. N'ayez pas peur de répandre, de prodiguer les bons petits signes ordinaires d'affection, un mot aimable, un bon sourire qui a une intention. En restant dans la règle et dans le cours ordinaire de la vie de communauté, il ne faut pas craindre de jeter, pour ainsi dire, son cœur aux quatre vents. Un mot, un sourire lancé ainsi peut tomber dans une bonne terre, sur une âme qui en avait besoin. Pour ma part, je l'ai éprouvé cent fois. »

On a droit d'estimer que les attentions charitables peuvent quelquefois porter avec elles une part de leur récompense. Il est tout simple que le cœur y soit soutenu par le sentiment de la reconnaissance provoquée, ou mieux encore par le plaisir exquis de faire plaisir. Qu'il y ait là de quoi aiguillonner la nature, voire même, en toute rigueur, de quoi diminuer le mérite, soit. Mais que penser de certaines attentions cachées, intimes, et que Dieu seul verra ? Un jour de communion, le F. Besnardeau écrit : « JÉSUS, je vous demande de consoler les Frères qui aujourd'hui ne sentiront pas leur bonheur. » — Je trouve dans ses notes un petit brouillon, daté d'août et de septembre 1886, bien peu de temps avant la défaillance de ses forces. Rien n'est touchant comme les intentions, recommandations et prières, dont cette feuille est chargée. Bénédictions nominatives pour ceux qui contribuent le mieux à l'entrain des vacances communes ; — vœux pour le R. P. Recteur, afin que cette quinzaine de joie fraternelle lui donne les vraies jouissances de cœur ; puis, comme il a quitté la maison, vœux pour son heureux voyage, pour sa santé, pour le bon succès des affaires qu'il traite au loin ; — prière spéciale pour certains Frères, afin que Dieu augmente en chacun d'eux la vertu caractéristique et préférée ; — instances pour la guérison de son professeur, pour la consolation de quelques âmes souffrantes, en particulier d'un étranger qui, ne sachant ni l'anglais, ni le français, ni l'italien, ne peut encore parler à personne. « O Sacré Cœur, consolez le Frère X... de n'entendre pas ici une langue qu'il comprenne ! » Voilà des attentions que les hommes ne devaient pas voir, auxquelles Jésus seul a pu sourire. Voilà, prise au naturel et dans toute sa candeur désintéressée, cette âme débordante de charité, doucement inquiète de ne laisser passer aucun bien sans action de grâces, aucun besoin, aucune épreuve sans le regard intérieur qui compatit et la prière qui fait effort pour soulager. Au milieu de tout cela, des intentions de famille, des demandes personnelles, des remerciements à Dieu pour une humiliation subie, avec le désir exprimé d'en subir d'autres : pêle-mêle charmant et saint. Le F. Besnardeau a écrit, pour Dieu seul et pour les confidents de sa conscience, quelques pages admirables ; mais peu lui font honneur à l'égal de ce petit feuillet sali, écrit ou crayonné au hasard des inspirations de chaque jour. C'est bien là qu'on voit ce qu'il y avait dans son cœur.

Mais il faut encore le suivre un moment parmi

les détails de cette vie commune, qu'il a tant contribué à embellir.

Les promenades, les congés offraient à sa charité un exercice particulièrement laborieux et doux. Il fallait remplir, égayer, sanctifier de longues heures. Alors son enthousiasme de la nature le servait largement ; une fleur, un brin d'herbe lui suffisaient parfois pour intéresser, pour élever l'esprit de ses compagnons de route. Mais, en outre, il lui arrivait d'emporter des cahiers de musique et de se faire organisateur de concerts pieux. Rendant compte à un absent d'une de ces journées si pleines, il écrit ces lignes aimables : « Bref, il s'est fait une telle dépense d'harmonie, de mélodie, de charité facile, de bonne joie d'être ensemble et d'être ce qu'on était, que toute la soirée, Dolgoch, et les chants et les rires et les folies charmantes de mes frères ont hanté mon imagination, si bien que je ne me suis endormi que vers deux heures du matin. » Ce serait là l'excès de la chose, n'était la circonstance atténuante d'un mal de dents. « N'importe, conclut-il gaîment, charmante insomnie. Je vous en souhaite de telles. »

Les pèlerinages étaient encore, en pareil cas, une de ses grandes ressources. Mais où trouver des pèlerinages en terre protestante ? Qu'à cela ne tienne : on les improvisait. On emportait une statuette de la Sainte Vierge et, loin des yeux profancs, on l'introduisait pour un moment dans le creux d'un tronc d'arbre, dans une fente de quelque pierre ou de quelque mur, *in foraminibus petræ, in caverna maceriæ*. On chantait, on priait devant l'image comme on eût fait dans un sanctuaire, puis on revenait joyeux, car la promenade avait été sanctifiée.

Mais la quinzaine des *grandes vacances* était le temps où triomphait la charité du F. Besnardeau. Alors tous les talents étaient mis à contribution, toutes les muses appelées à produire, et telle était l'abondance, la surabondance même des productions, que, pour y maintenir l'ordre, il avait fallu créer une administration, en style du lieu, une *préfecture* qui était direction et censure tout ensemble. Le F. Besnardeau fut plus d'une fois *préfet de vacances* et c'est là peut-être qu'il aurait fait bon l'aller prendre pour concevoir vite une juste idée de ses ressources et plus encore de ses vertus. On aurait vu le dévouement tout d'abord, le dévouement qui le faisait travailler sans relâche à la joie de ses frères, payant largement de sa personne, ou mieux encore sacrifiant le plaisir et les petits succès de la composition personnelle pour rhabiller les essais des plus novices ou graver patiemment un air dans la mémoire d'un chanteur mal assuré. On aurait joui de son entrain dans l'exécution de ses propres œuvres ou dans la direction des ensembles. Par-dessus tout, durant ces quinze jours d'effervescence poétique et musicale, on eût admiré son empire sur lui-même, son attention sévère à garder la part de DIEU. Cette époque de vie et de joie extérieures, il la commençait par un acte spécial de pénitence, pour obtenir de la passer saintement. Jamais peut-être les exercices de piété n'étaient munis de précautions plus exactes. Libre de les accomplir en plein air, il s'imposait au moins de les accomplir d'un bout à l'autre dans le même lieu : autant de gagné contre les distractions toujours possibles. En vacances, comme en temps ordinaire, les allées et venues étaient sanctifiées par le recueillement, remplies par certaines pratiques spéciales, et plutôt que de laisser perdre cette énergique habitude, si le Frère était obligé de se déplacer dans le feu même de la composition, il brisait là et s'interdisait de poursuivre chemin faisant la fin du couplet commencé. Tout cela était prévu, écrit d'avance dans un règlement qu'il s'était obligé à relire tous les jours. Et voilà de quelle vigueur surnaturelle il savait se gouverner lui-même jusque dans cette courte quinzaine, où la nature avait tant d'occasions de s'abandonner. Voilà qui montre ce qu'était la charité du F. Besnardeau, dévouement réfléchi et tenu dans l'ordre parmi les élans d'une spontanéité toujours en éveil.

En effet, parmi les contrastes ou plutôt les

alliances singulièrement heureuses dont la grâce lui avait donné le secret, on s'étonnait qu'il sût joindre aux attentions incessantes, aux industries les plus actives de la charité, une régularité parfaite et jamais démentie. Au commencement des vacances, quelqu'un s'étonnait de lui voir copier le règlement commun. « Mais étant préfet, vous êtes hors la loi ; tout cela n'est pas pour vous. » — « Eh bien ! répliqua-t-il, c'est afin de n'y pas faire manquer les autres. » Jaloux à ce point de la fidélité d'autrui, combien ne l'était-il pas de la sienne propre ! Aussi, à toute époque et en toute circonstance, avait-il pour maxime d'être aimable quand et comme il le faut, en sauvant toujours la règle, le silence, la modestie. « Pas un mot de trop, pas un sourire de trop. C'est-à-dire : je dois parler, je dois être aimable, quand il le faut et le plus possible ; mais rien au-delà. C'est le moyen de l'être en temps et lieu, selon la règle. »

Que la pratique répondît à ce programme, en voici un témoignage authentique : « Son obéissance atteignait l'idéal, écrit son Supérieur. D'une initiative toujours en éveil, toujours en quête de tristesses à distraire et d'apostolat joyeux à exercer, ayant au cœur projets et entreprises d'une exécution souvent fort difficile, il avait le talent de ne rien faire sans consulter, sans rendre compte de tout, et un tact exquis lui faisait deviner, même à demi-mot, les intentions de ses guides.

» Se lançant de lui-même et sans aucune mission officielle, exerçant auprès de presque tous une extraordinaire influence, maître des cœurs qu'il savait tourner à son gré et dirigeait d'une façon charmante absolument à la manière des anges, il était cependant si fidèle à ne rien faire sans approbation, à raconter tout ce qu'il avait fait, que je ne saurais rien me figurer de plus accompli comme perfection d'obéissance, comme exemple d'instrument docile, souple, intelligent et efficace entre les mains de ses Supérieurs.»

On commence à entendre ce que fut, dans la vie commune, l'action sainte et suave de cet enfant, de cet ange, comme on l'appelait tout bas et à bon titre. Et cependant le sujet n'est pas épuisé.

IV

Toutefois avant de passer outre, il convient de relever une alliance plus rare encore que celle de l'initiative charitable et de la régularité scrupuleuse, et voici peut-être le trait le plus exceptionnel de cette physionomie à part. DIEU me donne de le rendre au naturel !

Le F. Besnardeau s'était bien réellement fait tout à tous, et, parmi ceux qui l'ont connu, aucun ne

refuse à sa charité cette note d'expansion universelle. « Si je savais, écrivait-il, qu'un de mes frères
pût se croire oublié ou négligé par moi, je voudrais
presque en perdre le boire et le manger. » — « Oh !
Frère ! disait-il encore, c'est si important ! Un Frère
qui se voit délaissé peut y perdre sa vocation. » Et
de fait plusieurs déposent de lui, comme on a fait
jadis de saint Jean Berchmans, que chacun pouvait
se croire le plus aimé.

S'il montrait des prédilections, c'était au rebours
de la pente commune. Je lis dans ses résolutions cet
axiome pratique : « aller au plus délaissé. » Ainsi
les nouveaux venus, les Frères d'une autre province
ou d'une autre nation, tous ceux qui, dans la communauté, n'avaient pas encore de connaissances,
trouvaient un ami dans le F. Besnardeau ; il s'em-
parait d'eux tout d'abord et l'on eût dit qu'ils lui
appartenaient de plein droit. Un soir, après avoir
donné tout le jour à des Scolastiques anglais de
passage, il ne se tenait plus de joie et s'écriait dans
sa langue originale : « Oh ! la bonne journée ! je suis
tout heureux. On ne sait plus où donner du cœur. »
Oui vraiment, selon cette belle parole déjà citée, il
était un bien public, il appartenait à DIEU et dès
lors, à tous ses frères sans exception, sans inégalité
dont un seul eût droit de se plaindre.

Et maintenant je dois ajouter qu'il savait unir à
cette charité universelle des intimités profondes. Si

je taisais ce détail, il manquerait à la physionomie du F. Besnardeau un trait caractéristique ; il manquerait une gloire à l'action de la grâce divine, seule capable de ménager cette alliance étonnante ; il manquerait à ces souvenirs un enseignement, je dis mieux, une édification dont je n'ai pas le droit de priver les âmes.

Certes, on n'est jamais rigoriste au point de condamner théoriquement toute affection privilégiée comme ennemie de la charité commune et incompatible avec la mortification du cœur. Il faudrait, à ce compte, effacer de la vie de saint Jean Berchmans la trace de son intimité avec le jeune Hongrois Radkaï, celle des privautés saintes qu'il lui accorda jusque sur son lit de mort. Et ne faudrait-il pas aussi mutiler l'Évangile, ôter, par exemple, à saint Jean l'Évangéliste le titre de disciple que JÉSUS aimait ? Par ailleurs la matière est si délicate, l'illusion si facile et si périlleuse, que l'on s'explique trop bien les défiances des sages et des parfaits. Il sera donné au F. Besnardeau de leur montrer une fois de plus que la grâce est capable de ce chef-d'œuvre : maintenir, parmi les affections ardentes, la pureté sévère, la charité irréprochable, le parfait détachement du Religieux. Par ailleurs, je n'ai pas à craindre d'induire personne en tentation. Si quelqu'un veut s'autoriser du F. Besnardeau, qu'il suive jusqu'au bout son exemple ; avant de se livrer, qu'il se munisse des mêmes précautions ; qu'il ait, par-dessus tout, la même ouverture d'âme et la même fidélité d'obéissance. A ce prix, son cœur sera bien gardé. Encore s'avouera-t-il peut-être qu'il y a là une grâce d'exception, à laquelle il serait prudent et modeste de ne pas prétendre, dans la même mesure au moins.

C'est en effet chose remarquable que Notre-Seigneur, en appelant ce jeune homme aux ardeurs et aux délicatesses les plus jalouses de son amour, ne lui demanda jamais de se fermer le cœur aux affections humaines, mais seulement d'en user dans la règle et comme d'un moyen. Oserai-je trouver plus remarquable encore que, à force de fidélité simple, ce jeune homme ait pleinement répondu aux desseins du Maître, et que ses plus vives intimités n'aient jamais troublé sa paix ni ralenti son vol ?

Car elles étaient vives et je pourrais en multiplier les témoignages. Entre toutes, le F. Besnardeau en eut une à part, singulièrement voulue de DIEU. Elle ne nous est pas inconnue. L'ami de collège dont la vocation avait éveillé la sienne, l'avait rejoint vite au Noviciat, et dès lors, les deux Religieux se sui-virent à quelques intervalles près, DIEU ménageant au survivant la consolation de recevoir le dernier soupir de son frère.

De près ou de loin, le F. Besnardeau déployait

pour ses intimes, pour celui-là surtout, les richesses
de sa nature affectueuse. Et pourtant il s'accusait
encore çà et là d'impuissance et de sécheresse.
Mais, le plus souvent, la sensibilité vibre sans
effort et surtout quand l'ami a besoin d'être soutenu. « J'ai conscience que je ne puis vous consoler.
Voilà pourquoi je voudrais être votre plume pour
écrire vos peines, votre cœur pour le faire battre à
mon gré dans la paix de Notre Seigneur, votre bon
ange, pour vous dire à tout moment : Courage ! Et
Jésus ! Et Marie ! Et la Compagnie ! »

On entend ici la voix de la tendresse contenue et
sanctifiée. Quelquefois, quand l'ami ne parle plus
directement à son ami, quand il s'abandonne en
toute liberté devant Dieu ou devant ses Supérieurs,
cette même tendresse éclate avec une naïveté auda-
cieuse et qui étonne. Mais qu'on y prenne garde. En
ce moment là-même, le frère sent le péril, et, sous
sa plume, les aveux d'affection ne sont que les
considérants d'un projet de sacrifice. Écrivant à son
Supérieur, il se dévoile sans réserve comme sans
péril ; mais c'est pour lui soumettre le plan d'un
vœu qui doit faire la meilleure sauvegarde de son
cœur. Le Supérieur approuve, le vœu est prononcé,
renouvelable d'abord de semaine en semaine, puis
d'année en année. Je le transcris.

« Vœu de détachement.

» Seigneur Jésus qui êtes mon frère, moi, pauvre

petit enfant, je Vous aime, je Vous aime passionnément : je ne veux jamais aimer que Vous, et tout le
reste à cause de Vous seul. Pour bien assurer la
perpétuité de cette résolution que j'ai déjà prise
depuis longtemps, je fais vœu à Vous, mon doux
Maître, devant ma Mère bien-aimée, Marie, devant
saint Joseph, saint Stanislas et tous vos saints, de
ne chercher de consolations pour mon cœur qu'en
Vous, et de me contenter, en dehors de Vous, du
seul plaisir de faire plaisir aux autres.

» Donc, mon JÉSUS, je veux Vous aimer uniquement et m'obliger à cela par ce vœu que je Vous
offre comme un acte d'ardent amour. J'ai une
grande confiance, — et Vous devez mon JÉSUS me
continuer toujours cette confiance, — que j'observerai
fidèlement mon engagement solennel et irrévocable ;
j'ai confiance que je ne défaudrai pas au point de
commettre même un péché véniel, car le péché
véniel m'est en une profonde horreur. C'est cette
confiance qui me rendra fort, ô JÉSUS de mon cœur,
contre tout remords du passé et toute appréhension
de l'avenir ; — qui me fera vivre tout entier dans le
présent et dans la perfection du présent ; — qui me
persuadera que tout est facile à ceux qui Vous
aiment.

» Je veux être avec Vous, mon unique Aimé,
comme un tout petit enfant avec son frère. Je Vous
montrerai le fond de mon cœur et vous aurez com-

passion de moi. Je Vous dirai tout ; je Vous aimerai, c'est tout dire. Puisque Vous êtes DIEU, mon JÉSUS, Vous m'accorderez aussi tout ce que je Vous demanderai pour le bien de mon âme. Surtout je Vous supplie à deux genoux, la tête inclinée profondément, de ne pas permettre que je sois jamais séparé de Vous par le péché : Vous à qui tout est possible, Vous ne me laisserez pas un seul instant, mais pas un seul, dans un état où je puisse Vous déplaire si légèrement que ce soit. D'ailleurs, mon JÉSUS, je consens, j'aspire à toutes les humiliations que Vous jugerez nécessaires de m'envoyer pour me rendre semblable à Vous. Je Vous les demanderai tous les matins avec plus de ferveur encore que je n'en ai mis à le faire auparavant.

» La seconde grâce, mon bien-aimé JÉSUS, que je veux Vous demander, est l'humilité. Je ne vois pas encore assez bien que je ne suis rien ni ne vaux rien sans Vous, et cependant je m'aperçois clairement du bien que je fais. Changez-moi, mon doux Maître, et faites que je me tienne dans la vérité qui est l'humilité. Je veux m'oublier, ne plus penser à moi, ne plus discuter les dons que je Vous fais, les fautes que je commets, ne plus avoir ni de cœur, ni d'yeux, ni d'existence que pour Vous aimer, Vous contempler avidement, vivre de Vous.

» Je change, moi ; Vous, JÉSUS bien-aimé, Vous ne changez point. Je veux pourtant être toujours le même en ceci : savoir, que toujours je recoure à Vous comme étant mon seul bien, le seul digne de moi, le seul qui me satisfasse. Les autres petits changements qui surviendront dans l'état de mon âme, ne me doivent point troubler dans cette ligne que je suivrai incessamment vers Vous.

» Pour finir, mon JÉSUS, je veux emporter votre cœur ; aussi, me recueillant en moi-même, exprimant de mon âme l'affection la plus tendre et la plus soumise, la parant de toute ma pleine liberté et du sacrifice complet de moi-même en vos mains, je Vous l'offre en Vous disant : Mon JÉSUS, je Vous aime ; moi, tout entier, je Vous aime ; je Vous aime parce que vous êtes JÉSUS. »

(3 mai 1881).

Estimera-t-on la promesse un peu vague ou embarrassante par sa largeur même ? Le Frère y a pourvu en la précisant dans un dispositif peut-être plus intéressant qu'elle-même. Le voici :

« I. Je m'oblige :

... à n'aller jamais, quand je serai désolé, chercher de consolation auprès de qui que ce soit, excepté les Supérieurs, selon la règle ;

» ... à ne jamais demander de témoignages d'affection ;

» ... à ne jamais chercher un plaisir pour mon cœur dans les visites, les lettres, les regards, les complaisances intérieures.

Léon Besnardeau.

7

» II. J'accepterai, comme venant de la main de JÉSUS, toutes les consolations qui me viendront par les fêtes de la Compagnie, par l'ouverture de conscience, par la charité de mes frères, ou celles au-devant desquelles les convenances me diront d'aller. Je dois faire à mes frères et à mes supérieurs le plus de plaisir possible.

» III. Selon la règle VI *des Scrupules*, je puis tout dire, tout faire, du moment qu'il y aura un motif tenant à la gloire de DIEU ou une raison sérieuse de charité. Je pourrai donc, dans ce cas, contredire extérieurement mon vœu, mais il restera toujours au fond bien observé, car je le veux ainsi avec la grâce de JÉSUS.

» IV. Dans l'obligation de ce vœu ne rentrent pas les fautes contre l'humilité, qui, en certains cas, ne sembleraient pas pouvoir aller sans une faute contre le détachement, mais qui en sont en effet très distinctes. »

Et maintenant prendre un tel engagement et le pratiquer à la lettre, continuer d'ailleurs, sans modification apparente, les relations même les plus intimes, en un mot mortifier constamment son cœur sans le fermer et en le livrant toujours, enfin, dans cette situation exceptionnelle, ne ressentir jamais aucune gêne, aucun scrupule : voilà, si je ne me trompe, la marque d'une grâce de choix. Or, telle fut précisément l'histoire du F. Besnardeau. Rompre avec toute affection intime serait un effort plus violent, mais,en fin de compte,plus facile.Le Frère ne rompit avec personne ; sans contrister personne, il s'assura, au prix d'une abnégation continuelle,l'indépendance et le repos du cœur. Mais en outre, dans le lien volontaire qu'il s'était fait, il garda une admirable aisance, et aucun de ses intimes, pas même le plus intime de tous, ne put l'estimer refroidi,car de fait il ne l'était pas.Tous les témoignages sont ici d'accord, les leurs, le sien propre et celui des Supérieurs. Peu de jours après son vœu prononcé,le Frère exposait à Notre-Seigneur lui-même comment toutes les affections s'ordonnaient et s'harmonisaient dans son âme.

« J'aime JÉSUS, j'aime mes frères.

» Pourquoi est-ce que j'aime JÉSUS ? Parce que c'est Lui qui est le plus aimable ; il m'a tout donné, il a tout donné aux autres.

» Pourquoi est-ce que j'aime mes frères ? Parce que mon cœur est sensible et veut un aliment sensible pour ne pas devenir plus petit ; or, l'amour de JÉSUS est un amour de foi, presque toujours de foi sèche, comme dit le P. de Ravignan, quelquefois, mais par extraordinaire, de foi sensible.

» Faut-il donc, pour l'amour de JÉSUS, n'avoir qu'insensibilité pour tout le reste ? Non, un cœur qui n'aimerait pas ses frères, qui n'aurait pas pour eux, pour l'un d'eux, battu plus fort une fois que l'autre, ce cœur-là ne mériterait pas d'être regardé.

» Pourquoi est-ce que j'aime le Frère X ? C'est parce que DIEU l'a voulu. Et pourquoi DIEU l'a-t-il voulu ? Pour me procurer une occasion de sacrifier une affection à la sienne.

» Voilà ce qu'il me faut : aimer mon frère, non pour lui, mais dans le cœur de JÉSUS. — Mon frère, je vous aime dans le cœur de JÉSUS.

» Et j'ai la paix. »

Il l'avait en effet, non pas illusoire, mais réelle et active, car il en assurait le maintien par des sacrifices d'ailleurs sans trouble ni peine, sacrifices faits à la charité commune ou même au simple désir de plaire à Notre-Seigneur, beaucoup plus qu'à un besoin senti de préservation personnelle. De même veillait-il à ne se prodiguer extérieurement ni à celui-là ni à aucun de ses amis, ou bien encore, chose plus délicate, pouvant réclamer d'eux un service, il le demandait plutôt à quelqu'autre et il s'en expliquait rondement. « Nous nous connaissons, disait-il, tous ces témoignages sont inutiles entre nous, tandis que cela peut faire plaisir à tel frère. » Il pratiquera jusque sur son lit de mort cet art de ne pas accuser ostensiblement ses préférences. En cela, du reste, nul respect humain, nulle politique ; elles étaient connues et il n'en faisait pas plus de mystère que d'étalage. C'était réserve religieuse, esprit de charité universelle et de mortification, pratique simple et franche de son vœu. A ce prix, il demeurait libre devant DIEU et sa conscience, libre d'aimer ardemment ceux que la Providence lui montrait du doigt ou quelquefois lui amenait comme par la main, libre de lire dans leur cœur ou de leur faire lire dans le sien à des profondeurs souvent étonnantes, libre selon son mot d'être toujours avec son plus intime «comme David avec Jonathas.» Loin de lui peser,son vœu le portait plutôt,et à quelqu'un qui lui en demandait des nouvelles il pouvait répondre : « Je n'ai même pas besoin d'y penser. »

Heureux équilibre d'âme et que ses Supérieurs disaient exceptionnel ! Ils déclarent n'avoir jamais vu plus de tendresse dans un cœur si candide,n'avoir jamais trouvé personne en qui fût moins à craindre l'alliage inévitable du naturel au surnaturel dans les affections. Et de fait,que cet enfant se soit loyalement gardé contre les entraînements de la nature, qu'il ait soumis au contrôle de l'obéissance jusqu'aux plus secrets battements de son cœur, tout Religieux a grâce pour le faire, y étant obligé par devoir. Mais qu'il ait pu, à ce compte,rester si libre et si spontané dans son ardeur affectueuse ; qu'exempt d'embarras et d'inquiétude, il ait pu la mortifier assez sans que personne eût lieu de la sentir amoindrie, voilà le don suprême et où tout le monde n'a pas droit de prétendre. Qui saura imiter les saintes précautions dont s'est entouré le Frère, y gagnera, sans aucun doute, la paix essentielle du cœur. Y trouvera-t-il cette aisance merveilleuse ? C'est le secret de DIEU.

Ne pourrait-on croire, du reste, qu'à mesure que cette âme approchait du terme, sans rien perdre de sa tendresse native ni rien retrancher de ses intimités, elle arrivait à s'y livrer plus encore dans l'intérêt d'autrui que pour la satisfaction d'un besoin personnel, si pur et si surnaturel qu'il pût être ? Cela semblerait résulter d'une page écrite par le Frère pendant la retraite annuelle de 1886, à la veille de sa dernière maladie. On y trouve du même coup toute sa théorie sur cette délicate matière, théorie que recommandent à la fois et l'expérience personnelle des choses traitées et la modestie parfaite du ton. Le Frère ne décide pas, il cherche, et, en cherchant, il pose les principes avec une remarquable fermeté. Jugeons-en du moins par quelques extraits.

A quels signes reconnaître une intimité profitable et sainte ? Le Frère en marque plusieurs : avant tout la sanction de l'obéissance, puis la paix des deux cœurs unis, le maintien parfait de la charité commune, les séparations ne laissant après elles ni éplorements ni langueurs.

Dans ces conditions rares, exceptionnelles, on conçoit que de telles amitiés puissent être favorisées par les Supérieurs. Mais jusqu'à quel moment ?

« Il peut convenir de les patronner, ce me semble, tant que les deux âmes amies y trouvent une aide pour se sanctifier ou que l'une, n'en n'ayant pas besoin, peut se prêter aux besoins de l'autre. Et le besoin durera tant que durera la calme sympathie de l'ami pour son ami et que l'amitié leur sera une aide. Si les relations doivent cesser, JÉSUS en donnera le signal en faisant tomber le besoin et l'attrait. »

« Dans de telles amitiés, les deux âmes se font connaître l'une à l'autre, se conseillent, s'avertissent l'une l'autre. Plus ordinairement, je crois, l'une s'ouvre par besoin, et reçoit ; l'autre s'ouvre par une complaisance bienveillante et sincère, et elle donne, elle console, elle avertit, elle conseille, elle gronde, elle excite surtout, en témoignant confiance et espoir...

» Celui qui conseille doit désirer, c'est clair, que son frère, s'il se peut, arrive à se passer de son secours pour aimer DIEU dans la seule vie de communauté, ou même, — car où borner les bons désirs? — pour aimer DIEU tout seul. Bien des âmes religieuses en sont capables; mais quant à mettre dans l'âme de son frère ce désir d'aimer DIEU tout seul, c'est chose délicate et qu'il faut laisser à DIEU même, en se contentant d'insinuer et de prier dès qu'on y voit l'âme provoquée. »

Le Frère poursuit avec une réserve modeste et en suppliant Notre-Seigneur de le garder de toute enquête subtile ou trop haute pour ses jeunes lumières; puis tout finit par un élan de reconnaissance, par un hymne véritable à cette charité commune d'où les intimités saintes se détachent comme des fleurs de choix, mais toujours en y plongeant leurs racines.

« Oh! quel bonheur est le mien quand chaque visage me montre de l'affection, chaque propos de l'intérêt, chaque procédé une intention prévenante, un sentiment de piété fraternelle ; quand tout me parle d'une famille! Quel grand bienfait de DIEU que cette famille que l'on trouve dans la vie religieuse!

» Au fond c'est là, même pour les âmes qui jouissent d'intimités particulières, c'est dans la vie de communauté, qu'est le plus grand soutien. Elle répond à un besoin plus impérieux, le besoin d'une société, pratiquement d'une famille.

» Dans la famille du monde, admettons qu'on soit dix, vingt même. Ordinairement, cela ne va pas là. Quel ravissement, quel rêve du Ciel, quand il y a piété envers DIEU et piété mutuelle ! Et ici — au Scolasticat de Jersey — je vis avec cent cinquante Pères ou Frères qui ont ces dispositions. Ordinairement, dans la famille du monde, quelle inégalité de vertu, d'élévation morale! Chez quelques-uns, quelles fautes! Souvent quels dissentiments et quels froissements jusqu'au cœur des maisons ! Ici, tous nos Frères — j'en ai la confiance — tendent efficacement à DIEU. Jamais de scissions profondes, mais l'obéissance en bas, en haut l'autorité dévouée, aimante. Les Supérieurs, du moins ceux de la Compagnie, sont une invention divine : ils vous dirigent comme DIEU tout-puissant et vous aiment, on le dirait, avec son cœur.

» Merci, ô JÉSUS, de ces sentiments, de la lumière que je sens en moi ! »

Ne devait-il pas, en effet, une profonde reconnaissance au divin Maître pour avoir si bien harmonisé, en les élevant, tous les sentiments de son cœur ? On vient du reste d'entendre son dernier mot. La charité commune à la base, les intimités quand DIEU les envoie, mais toujours surnaturelles et ordonnées à un mutuel apostolat. Voilà bien l'ami tendre et le Religieux solide, qui disait un jour à son plus intime : « A toute votre affection pour moi je préfère en vous une bonne résolution prise de servir énergiquement Notre-Seigneur. »

<h2 style="text-align:center">V</h2>

Aussi bien, dans la pratique de la charité universelle comme dans les relations privilégiées, son intention cherchait toujours le bien à faire. Par le cœur, par les actes, par les fruits même, il a été auprès de ses frères, un apôtre, un grand apôtre, oserais-je dire, et ce sera le dernier trait de cette étude sur sa vie en communauté.

DIEU lui avait mis le zèle dans l'âme, un zèle sans

limites comme les besoins. De là sa demande des missions, sa constante préoccupation pour la Chine, théâtre probable de son dévouement à venir. Exilé en Angleterre, il s'intéressait à la conversion de ce noble pays, et lorsque, tout près de le quitter, il visita pour la première fois la chapelle royale de Windsor, il s'écarta de ses compagnons pour prier, regrettant de ne pouvoir se jeter à genoux et rappeler à grands cris la foi catholique dans ces murs bâtis par elle. Au Juvénat, parlant à son Supérieur de l'accroissement de vigueur et de clarté qui se faisait dans son esprit, il ajoutait: « Je sens que je fermente, que je suis en fusion, que je pourrai faire plus tard quelque chose... je me sens faim et soif de prêcher, d'éclairer les pauvres âmes simplement, lumineusement. Je sens pleuvoir à flots sur moi la vérité, le bon sens, la lumière, et j'ai le plus grand désir de les répandre sur d'autres... Je considère ma perfection de Juvéniste comme étant là : désirer de prêcher, m'y former. *Væ mihi si non evangelizavero!* »

Mais son zèle ne s'égarait pas dans le rêve. Il était humble autant que vaste. « Est-ce une illusion de consolation ? Il me semble que, mettant à part l'espérance de la récompense, et ne gardant que l'estime vraie de JÉSUS, je serais satisfait de pouvoir, au prix de tout, faire un peu de bien à une petite âme d'idiot ou d'infirme et passer ma vie à cela. » Non ce zèle n'était pas illusoire, car il se tournait en prière, en action, en sacrifice. Le F. Besnardeau, encore novice, écrivait cette prière touchante : « JÉSUS, au nom de votre amour, ayant égard à quelques-unes des moins tièdes de mes prières, faites aujourd'hui du bien à quelques âmes, à une âme ; car pour moi, je ne puis rien. » Et, dans l'occasion d'un effort, là où manquait l'attrait sensible, le jeune Religieux y suppléait en se disant : « Peut-être une âme attend le mérite de l'œuvre que je vais faire. »

Mais tout cela c'était l'avenir, c'était l'inconnu, et le zèle cherche un objet précis et présent. Cet objet, le F. Besnardeau le trouvait tout près de lui, dans les compagnons de sa vie religieuse. En attendant l'apostolat du dehors, il y avait celui de la famille, obscur mais fécond du moins, puisqu'il contribue à faire des Apôtres. Telle fut la tâche où le Frère se dévoua de tout son amour, et, comme il le dit quelque part lui-même, à cœur perdu.

Or, avant même d'y songer, il y arrivait déjà, nous le savons, par l'effet de sa seule présence, par ce rayonnement de grâce et de vertu qui sortait de lui. Joignons-y l'effort direct et voulu, l'esprit, le caractère, l'affection, toutes les ressources de la nature constamment mises en œuvre et appliquées à l'édification positive de ses frères, et nous concevrons que ses Supérieurs l'aient estimé pour leurs communautés comme un véritable trésor.

Il avait dans une rare mesure le don de la conversation pieuse, d'ailleurs aisée et naturelle sans indiscrétion, sans parti pris apparent, sans pédantisme. Il n'imposait pas ces sortes d'entretiens, il ne les amenait pas gauchement, mais il y arrivait de partout avec une parfaite bonne grâce, en quoi le servaient à souhait son esprit original et son imagination d'artiste. On savait du reste l'attrait du Frère, et, comme a dit quelqu'un, « on eût craint de le détourner de l'élément qui faisait sa vie. » Il est vrai qu'on se fût privé soi-même en le privant, tant il savait rendre les choses de la piété intéressantes, vivantes, aimables, les parant, si on l'ose dire, du charme exceptionnel de sa personne. « A côté d'une grâce enjouée et presque enfantine, écrit un témoin c'était la maturité presque sévère de l'homme fait. Les questions, les reparties naïves, se mêlaient aux vues sérieuses ; les réflexions profondes succédaient aux joyeusetés de bon aloi ; les pensées surnaturelles n'étaient pas effarouchées par les francs éclats de rire. »

Avec cela, il pouvait parler de DIEU partout et devant tous. A Jersey, par exemple, c'était pour les frères Coadjuteurs une raison particulière d'aimer ses visites. Parmi les novices et les scolastiques, ce fut un des éléments principaux de sa secrète influence.

Et comme il parlait de DIEU, il aimait à en écrire. Longues lettres ou menus billets, sa correspondance, comme sa conversation, était un continuel apostolat.

Dans le même but et dans le même esprit, le F. Besnardeau ne craignait pas de se dévoiler aux autres en toute candeur. Pour mieux parler de Dieu, il disait ingénument ses propres relations avec Dieu. C'est qu'il trouvait dans cette franche communication de soi, un nouvel élément d'action apostolique, et lui-même nous en rend compte ainsi : « C'est, dit-il, en parlant du Bon Dieu en même temps que de nous, que la charité s'établit et que l'union des cœurs se fait. » On se tromperait donc de voir là une simple expansion de nature, encore moins y avait-il complaisance ou étalage ; c'était simplicité, mais simplicité réfléchie ; il se livrait de la sorte parce qu'il avait éprouvé qu'il en résultait pour les autres plaisir et avantage.

Aussi, comme il était toujours prêt à dire ses prouesses ou ses mésaventures littéraires, il ne l'était pas moins à recommencer publiquement sa méditation, à énumérer ses dévotions, ses consolations même, à prêter, à laisser circuler certaines pages de ses écrits spirituels. Plutôt que de remplir une lettre avec des riens, il y insérait bravement un fragment de récollection intime ou de préparation à la méditation du jour. Jamais âme ne fut plus naïvement et plus résolument ouverte, mais sans se laisser aller à aucune indiscrétion.

Vers la fin du Juvénat, le frère fit de ses méthodes écrites trois paquets distincts, avec ces indications sur l'enveloppe : « A prêter, — à prêter moins, — à ne prêter jamais. » Encore faut-il observer que les notes de cette troisième catégorie ne sont pas, quant à lui, plus révélatrices que les autres. Elles pouvaient seulement passer pour un blâme indirect de telle ou telle façon de faire, et le lecteur était peut-être dans le cas de les appliquer à celui-ci ou à celui-là. Si donc une réserve est posée, c'est la charité qui la pose et non pas une considération personnelle. Quant à lui-même, le Frère continue de tenir son âme ouverte à qui veut y lire, sauf bien entendu ce qui n'appartient qu'à un confesseur.

Nulle vanité du reste. « Je parle beaucoup de moi ; je ne crois pas manquer ainsi à l'humilité, car je le fais uniquement pour faire plaisir. » Dès lors aussi pas de scrupule. « Pour être libre et cependant ne pas dépasser la mesure, il faut prier avant la communication qu'on fait de soi, s'abandonner pendant et se repentir après s'il y a lieu : je ne sais pas d'autre méthode. » Et quoi de mieux en effet ? Netteté pratique et décision confiante : voilà bien le F. Besnardeau.

Apôtre par le contact et l'exemple, par les conversations pieuses et la communication généreuse de l'âme, les circonstances l'amenèrent quelquefois à l'être d'une façon plus directe et assurément plus exceptionnelle. Rien d'étonnant si un assez grand nombre de Frères tenaient à l'avoir pour *admoniteur particulier*, c'est-à-dire à s'assurer le bénéfice permanent de ses observations charitables. Quelques-uns n'en demeurèrent pas là et, pour dire le mot, ce tout jeune homme leur devint quelque chose comme un sous-directeur de conscience. Rôle délicat et difficile : le Frère était trop modeste pour le rechercher, mais trop simple pour le refuser quand la Providence le lui offrit. Jamais il ne sollicita de personne des ouvertures de cœur qui assurément ne lui étaient point dues ; mais si l'on recourait à lui, si les Supérieurs autorisaient, condition toujours indispensable ; si même, ce qui n'est pas sans exemple, ils prenaient l'initiative et adressaient au F. Besnardeau quelque âme éprouvée ou désireuse d'une perfection plus entière ; alors le jeune Religieux entrait simplement et résolument, à sa manière, dans l'intention manifeste de DIEU. Sans prendre la place des guides autorisés de l'âme, il les continuait, il les secondait, il se faisait, comme il écrivait lui-même à l'un d'eux, « leur petit auxiliaire. » C'était encore eux que l'on entendait en lui, tant il se gardait de faire un pas en dehors de leur conduite ; mais cette fidélité absolue n'ôtait rien ni au charme personnel de son intervention, ni à la fermeté originale de ses conseils, et je n'exagère rien de dire que cet enfant promettait un vrai maître de la vie spirituelle. Veut-on entendre cette note juste et pure, mais bien personnelle, et vibrante parfois ? J'emprunte à une seule correspondance les extraits suivants.

« Que la paix de JÉSUS soit avec vous toujours ! Toutes nos petites difficultés jetées dans son cœur sont comme un grain de sel dans un grand vase ; il se dissout, il n'y paraît plus. Figurez-vous un beau ciel tiède et luisant, vers cinq heures du soir : votre cœur doit être ainsi...

— » Vous venez de faire une sottise. Vous pensez tout de suite que Notre-Seigneur en est très fâché, qu'il ne vous aime plus. Au moins vous ne vous sentez pas aussi à l'aise, et vous n'approchez de Lui que comme d'un maître qui tient le fouet en main. Mais non : Notre-Seigneur est peiné sans doute, mais il vous veut plus de bien qu'il n'a de regret. Vous avez mal utilisé sa grâce : il est comme un médecin qui vous aime tendrement, qui vous a construit un bel appareil orthopédique, auquel vous n'avez pas fait honneur, que vous avez brisé ou qui n'a pu vous guérir. Il ne demande qu'à recommencer le traitement. — Pour cesser la comparaison, il vous montre son cœur et vous dit : Crois-tu avoir usé tout mon amour pour toi ? — Je vous donne cette pensée telle qu'elle me vient. »

« En général, un instant d'effort, fait en vue de plaire à Notre-Seigneur, amène toute une longue période de facilité. Un travail ennuie, une récréation effraie ? Lançons-nous. Il nous semble que notre volonté y est seule, que la grâce est absente ? Non, faisons acte de foi : elle y est et elle soutiendra ce que nous croirons avoir commencé seuls. »

« Souvent il arrivera que vous vous sentirez de glace ; vous n'avancerez pas, rien ne prendra sur votre sensibilité. Croyez pourtant que, si vous gardez la règle avec la tendance à devenir plus parfait, vous marchez, vous agissez pour le ciel et pour Notre-Seigneur...

» Aimez votre mère Marie comme un petit enfant. Méditez bien Notre-Seigneur, instruisez-vous de lui, acquérez l'habitude de voir toutes choses liées à lui, de le voir, lui, comme centre de toute la famille surnaturelle ; demandez-lui qu'il vous habitue à ces larges horizons où, pour peu que l'on soit attentif, on découvre des intérêts suprêmes, universels, le salut du genre humain, la perfection du troupeau d'élite, des âmes parfaites, le règne de DIEU, le Paradis, consommation de toutes les vues de DIEU. Voilà des pensées que je prie notre doux Sauveur JÉSUS de vous donner.

» Ayez, devant toute chose qui touche à DIEU, le sentiment de la sainteté de cette chose, suivant la distance plus ou moins grande qui l'en sépare. Ayez l'instinct qui faisait dire à M. Olier : la *sainte sou-tane*, le *saint surplis*, la *sainte étole*, l'instinct qui donne de la joie quand on travaille devant le Saint-

Sacrement, qui faisait baiser à une sainte la poussière qu'avait foulée un prêtre, l'instinct qui produit la réserve et le recueillement dès qu'on sent de près ou de loin que DIEU est là. Voilà qui est surtout à demander par la prière.

» En un mot, Frère, soyez sincère, soyez enfant avec le Saint-Esprit, franc avec DIEU, obéissant à son inspiration, humble et petit sous sa parole et en sa présence ; alors vous serez tel qu'il vous désire. Reconnaissez votre conscience et vos Supérieurs juges infaillibles de vos actes. Soyez maniable à la main de DIEU ; qu'il vous gronde ou vous caresse, qu'il vous mène en sûreté ou semble vous balancer comme pour vous jeter contre les murailles ; soyez son enfant confiant, docile, humble. »

Voilà qui est ferme et sage ; mais où la sagesse paraît mieux encore, c'est dans l'attention à n'imposer pas ses vues, son tour d'esprit et d'âme, à ménager, même en ne les partageant pas, les formes de la spiritualité d'autrui. Avant l'âge de l'expérience, le F. Besnardeau savait déjà ne pas heurter de front ce qu'il désapprouvait d'ailleurs, et il se traçait à lui-même cette règle. « Respecter les enthousiasmes, les méthodes de mes frères.» A quoi il ajoutait dans son style : « Les seaux d'eau peuvent être trop froids et tuer raide. » Qui lui avait de si bonne heure appris cette prudence ? DIEU, le grand maître, et sa propre humilité. N'est-ce pas l'amour propre qui peut nous inspirer de nous imposer comme types et de prétendre tout faire à notre image et ressemblance ?

Cherchons dans un dernier exemple ce qu'était, auprès de ses quelques clients spirituels, la manière d'agir du F. Besnardeau. Zèle, simplicité, obéissance : il va se peindre lui-même avec un naturel plus parlant que tout récit.

Nous sommes à Jersey, en 1886, à l'époque de la retraite annuelle,moins de quatre mois avant la mort du Frère. Il a près de lui deux âmes accoutumées dès longtemps à le considérer comme un guide. Fort de toutes les autorisations antérieures, il a cru pouvoir leur dire : « Si vous souffrez pendant la retraite, écrivez-moi. » Mais au cours des exercices, voilà qu'il se demande s'il n'est pas allé trop loin. Qui le tirera d'inquiétude ? Le P. Recteur est absent ; le Père qui donne la retraite ne connaît pas les jeunes philosophes et leur est personnellement inconnu ; mais il représente Notre-Seigneur, il a lumière et grâce ; le F. Besnardeau va donc à lui et lui ouvre son âme avec une candeur parfaite. Je cite quelques extraits.

« Permettez-moi, mon Père, de prendre la chose d'un peu haut. Il y a ici un Frère, philosophe comme moi, avec lequel j'étais très intimement lié avant mon entrée dans la Compagnie. Depuis lors, notre amitié a persisté, du consentement du R. P. Maître et ici du R. P. Recteur, sous l'approbation du R. P. Provincial. Pendant mon noviciat, Notre-Seigneur, après m'avoir dirigé vers ce but pendant longtemps, m'inspira le vœu de ne chercher aucune consolation pour mon cœur en dehors de Lui-même et des relations ordinaires de communauté. J'ai eu, DIEU merci, un secours tout particulier pour accomplir ce vœu. Je vous dis là, mon Père, une chose qui semble toute à ma louange ; mais en tout cela, je n'ai eu que des grâces à recevoir, et puis je veux vous parler tout simplement. La connaissance de ce vœu éclairera ce qui suit, et pourra être une garantie dans la direction que vous me donnerez.

» Mes relations avec ce Frère continuant ainsi, n'ont pu être que pour son progrès surnaturel : nous nous voyons assez fréquemment pour causer de nos affaires. Cette expansion lui donne de la joie, de la dilatation et Notre-Seigneur en profite...

» De plus, un autre Frère se trouve ici avec qui je suis dans des relations identiques, formées, celles-là, par le R. P. Maître, connues, j'en suis certain, du R. P. Provincial, toutes surnaturelles au fond et dans leur but, ayant pour elles plusieurs années d'heureuse expérience... »

Tels sont ceux auxquels il a dit : « Écrivez-moi, si vous le voulez. »

« Ce que je leur proposais était, non de les diriger, mais de les aider, de les consoler au besoin, sachant que je me trouve mêlé à leur vie et à leur spiritualité d'une façon qui ne peut assurément les troubler dans une retraite. »

Mais enfin une ombre de scrupule est venue. Par deux fois le Frère a consulté Notre-Seigneur dans la prière et s'est trouvé rassuré; cependant, pour se donner une sûreté encore plus parfaite, il pose à nouveau le cas et se remet tout entier aux mains du juge d'occasion.

« Je viens donc à vous, mon R. Père. Permettez-moi de vous dire tout simplement mon attente. Devant Notre-Seigneur, d'après l'expérience acquise et les pensées connues des Supérieurs, je puis continuer, c'est-à-dire, aider ces Frères de quelques conseils, et non seulement continuer ainsi, mais agir comme un vrai Père spirituel. Par conséquent, mon Père, si vous me disiez : Faites ce que vous voudrez, cela ne m'étonnerait pas du tout, et de bonne foi, dans la paix de Notre-Seigneur, j'y compte un peu.

» Si pourtant vous me disiez : Renoncez à tout, je le signifierais tout de suite aux intéressés sans parler de vous.

» Si vous me dites seulement que vous jugez le dernier parti le plus sûr, je le prendrai encore.

» Si vous me dites que vous n'êtes pas suffisamment éclairé, je ferai encore de même.

» Si vous me dites que vous ne voyez rien de

positif contre ce que je crois pouvoir faire, j'irai de l'avant. »

Est-il besoin d'ajouter que la réponse fut favorable ? Peu importerait d'ailleurs. Je n'ai voulu que prendre sur le fait et achever de mettre en leur plein jour ces relations exceptionnelles du jeune Religieux avec un petit nombre de ses frères. Le voilà peint par lui-même ; vues toutes surnaturelles, droiture vigoureuse des intentions, paix que cette droiture même lui donne, et tout ensemble simplicité confiante, ferme regard sur lui-même et sur le rôle un peu étrange, dont il n'est pas embarrassé, mais bien moins encore ébloui.

Car il sied de terminer par là cette esquisse de sa physionomie dans la vie commune. Il lui était bien impossible de s'aveugler jusqu'à ne pas voir l'affection universelle, la confiance extraordinaire de quelques-uns et, pour tout dire, le bien que Dieu opérait par son entremise. Il pouvait s'étonner parfois et s'écrier par exemple : « Mon frère, une chose me confond, c'est de voir combien on m'aime ici. » Mais encore fallait-il s'avouer le fait et même en reconnaître jusqu'à un certain point la cause. Tout d'abord, cette vue pouvait inquiéter sa modestie ; mais, dans cette âme franche et résolue, l'inquiétude n'allait jamais loin. « Une tentation assez fatigante me vient souvent, écrit-il dès sa seconde année de noviciat. Je suis une petite perfection. Du côté des frères d'abord, on m'aime bien, c'est sûr ; on m'estime, on a confiance en moi, on me confie des secrets, on me respecte, on me croit un saint. Puis viennent d'autres développements... Voilà ma pauvre nature. »

Laissons le progrès se faire et la tentation ne sera plus rien. Humilité simple et forte qui fait le bien sans y regarder : c'est où il vise bientôt. « La mesure de ma charité ne sera pas celle qui sera constatée par mes frères. Donc ne pas me croire trop vite bien charitable, parce qu'on me le dit, mais interroger ma conscience et JÉSUS, ou plutôt abandonner tout et aller de l'avant. » Quoi de plus sage? D'ailleurs, « si un peu de bien s'est fait, glorifions-en JÉSUS, le seul qui opère sur les âmes par le petit moyen de ses serviteurs. » Ainsi répondait-il à la reconnaissance d'un Frère : « Comme une goutte d'eau, quand elle tombe sur certains métaux, y produit de merveilleuses combinaisons chimiques, de même JÉSUS m'a uni à vous, pauvre et chétive compagnie, mais de son choix. Voilà la vraie cause des résultats que vous avez sentis. » A un autre, il disait mieux encore : « Vous semblez faire si grand cas de moi que je crains d'être estimé de vous par delà mon mérite. Pensez ce qu'il vous plaira, mon Frère : DIEU seul juge de tout. Que valons-nous, vous et moi? Nous l'ignorons l'un et l'autre, bien que je vous sache bon et excellent. »

Tel fut donc son rôle voulu et réalisé : passer en faisant le bien, le plus grand bien possible, mais laisser à Dieu le soin d'en apprécier la mesure. Il sait aujourd'hui les fruits de son trop court passage ; d'autres les soupçonnent au moins. Dans toutes les provinces françaises de la Compagnie et déjà dans les missions mêmes, il est des âmes qui ont respiré le parfum de cette âme d'élite et qui ne l'oublieront pas. La fleur est tombée, mais le parfum reste, et nous ne verrons qu'au Ciel à quelle profondeur il a pénétré. Tout conspirait d'ailleurs à le rendre fort autant que suave : les grâces de l'extérieur, le feu d'esprit, les dons artistiques, les dons plus charmants du caractère, mais par-dessus tout la générosité attentive d'un cœur tout à ses Frères, parce qu'il était tout à Jésus-Christ son Seigneur.

On l'entend bien en effet, pareille charité envers le prochain ne va pas sans un haut degré de charité divine. Pour aimer les hommes de ce dévouement pur et parfait, il faut aimer de passion Celui en qui seul ils sont tous et constamment aimables. C'est la loi et voici le moment de la voir s'accomplir. Après avoir admiré le rayonnement extérieur de la physionomie, ouvrons le sanctuaire de l'âme ; les relations du Religieux avec ses frères nous auront préparés et comme introduits au spectacle de ses relations avec Dieu.

TROISIÈME PARTIE.

Le F. Besnardeau dans ses rapports avec Dieu.

DANS la première partie de ces souvenirs, j'ai dû esquisser à grands traits l'histoire intime du F. Besnardeau. Généreux dès le début et tout entier livré à la grâce, il n'a pas encore la pleine vue du genre de perfection qu'elle lui demande ; mais cette période de bon vouloir quelque peu incertain, finit avec la première année de Noviciat. Dès la seconde, la lumière est plus précise, les appels divins plus pressants. En même temps, la volonté fidèle répond par une série d'actes courageux qui l'épurent et l'élèvent : vœu de détachement, vœu de solliciter les missions étrangères, élection, plan de vie spirituelle qui s'éclaircit et se fortifie. Quelques mois après les premiers vœux de religion, une grâce d'ardent amour envahit tout de nouveau l'âme et la provoque à s'offrir en victime, épisode saillant que nous retrouverons ailleurs. Enfin, quand le Frère passe du Juvénat en philosophie, il a trouvé sa voie définitive dans l'abandon amoureux, au bon plaisir de Notre-Seigneur. A partir de là, rien de nouveau ; qu'il vive ou meure, il n'a plus qu'à s'établir et à se consommer dans la pratique de cette haute vertu.

Les faits brièvement rappelés, le mieux est, je crois, d'étudier sans distinction d'époques la physionomie intime de l'âme et sa manière d'être devant Dieu.

Au dehors on voyait un enfant, mais dans cet enfant, les mieux placés ou les plus pénétrants devinaient un homme, un saint. Le dedans ne leur eût pas montré autre chose. C'était bien ce phénomène charmant, célébré par l'Église comme un des miracles de la sagesse divine: l'alliance du fruit et de la fleur, de la maturité surnaturelle avec les grâces vives du printemps de l'âme, l'homme de Dieu déjà formé avant l'heure de la virilité de nature. Quiconque vit parmi de jeunes religieux, a toujours plus ou moins l'enchantement de ce spectacle, mais il est juste d'avouer que celui dont je cherche à fixer l'image, a plus que d'autres offert dans sa personne le type idéal de grâce et de force unies, qui rappelle un Berchmans, un Stanislas ou même un JÉSUS adolescent.

I

ET cependant si, dans l'extérieur, l'enfant dominait, avec sa grâce naïve et un peu frêle, il semble que, dans l'intime, dans la conduite surnaturelle de l'âme, la proportion doive être renversée. L'alliance des deux éléments est visible, elle est saisissante ; mais ce qui l'emporte, c'est la maturité, c'est l'énergie, et l'une et l'autre sont l'œuvre de l'amour. Aussi le plus court et le plus aisé sera de dire sur le champ quelle était encore, dans la spiritualité du Frère, la part et la marque de l'enfance, mais de la plus sainte enfance ; or, tout revient à ces deux traits : la simplicité, la joie. — Le reste était plutôt de l'homme et ce reste sera presque tout.

Simplicité tout d'abord. De là, naissait chez le Frère un attrait spécial pour la contemplation, pour cette forme d'oraison où le principal est de recomposer en idée le mystère et de s'en faire spectateur. A la vérité, rien ne s'accordait mieux avec ses aptitudes. Son imagination, riche et naïve, était capable d'un détail infini, mais que la raison et le cœur savaient ordonner pour le rendre pieux et utile.

Point de raffinement d'ailleurs, ni de réserve quelque peu timorée. Il y allait avec la liberté ingénue de l'enfant ; les scènes évangéliques étaient bien pour lui des scènes de famille, et il s'y attachait si bien qu'il lui arrivait de prier naïvement pour revoir en songe ce qu'il avait contemplé le jour.

S'agissait-il, par exemple, du voyage de Nazareth à Bethléem ? Il inventoriait, il composait de ses mains avec une filiale sollicitude le pauvre bagage de la Sainte Vierge. Revenu à Nazareth, il assistait à la vie quotidienne de l'Enfant JÉSUS comme aurait pu faire saint Jean-Baptiste en personne. Qu'on en juge par cette récollection.

« Lever de l'Enfant JÉSUS. — Il fait vite, joyeusement. *Ecce venio.* — Gaîment, il va dans la cour qui est derrière la petite maison, pour se laver le visage. Après, il est radieux, il est beau. Je n'y tiens plus : il y a si longtemps que je résiste à mon envie ! Je lui tends les bras et je me jette sur son cœur, moi si coupable ! Mais je l'aime. Quels doux moments ! J'ai eu des larmes dans les yeux. Il m'a semblé alors que j'avais atteint tout le fruit de la contemplation. Et en effet, pour un JÉSUS si beau, si aimable, serait-il possible de refuser quelque sacrifice ? O JÉSUS, donnez-moi la force de faire pour vous tous les sacrifices d'esprit et de cœur. » — Simplicité de bon aloi, grâce enfantine qui va toute au courage et à l'action.

Il en est de même dans cette note rapide sur la solitude de Marie, après que JÉSUS est parti pour commencer sa vie publique.

— « JÉSUS déclare son heure venue. — Ils s'embrassent. Dernière bénédiction. — Maintenant, *quid mihi et tibi est, mulier ?... In his quæ Patris mei sunt oportet me esse.*

» Marie est toute seule, bien seule. — Ses pèlerinages au lit de JÉSUS, à l'endroit où il priait. — Marie se lève seule ; elle médite seule ; les anges ne viennent plus ; et d'ailleurs, sans JÉSUS !.....

» Elle fait le feu, elle prépare son repas seule ; — elle balaie la sainte maison seule ; — elle travaille, elle file, elle coud seule. — Plus de coups de marteau, plus le bruit de la scie, du rabot, de la lime. Silence et solitude.

» JÉSUS lui a fait cette peine *pour moi*, et Marie, toujours unie de cœur à JÉSUS, l'accepte *pour moi*.

» Sacrifices du cœur ! Les ferai-je maintenant ? »

— Voilà bien la contemplation dans sa suavité, mais aussi dans sa vigueur pratique. En prenant sur le fait cette souple et forte application de l'âme aux choses de DIEU, ne bénirait-on pas volontiers, à la suite du Maître, Celui qui en a refusé le secret aux sages superbes pour le révéler aux petits ?

L'enfant est simple et pur, ce qui, dans la prière, lui donne droit à une familiarité ingénue. Par une pente naturelle, mais aussi par une foi raisonnée et un effort volontaire, le F. Besnardeau tendait sans relâche à s'établir avec DIEU sur ce pied de liberté expansive, de communication aisée, universelle, de se créer avec Lui ces relations de famille qui font l'essence vraie et l'énergie féconde de la piété. « JÉSUS est le premier de mes proches, » écrivait-il, et il partait de là pour se tracer tout un plan de commerce intime avec le divin Maître, dans la sainte Communion, dans la méditation, dans les visites au Saint-Sacrement.

« Oh ! la vie de famille, c'est bien celle que je

devrais trouver avec DIEU ! Mon DIEU, Marie, père et mère bien-aimés, je vous aime, et, de l'exil où je dois attendre, je vous désire. Votre fils aîné, JÉSUS est avec moi, mais je ne le vois point. Oh ! oui, je suis sur une terre d'attente. De famille royale, mais né dans l'exil, j'ai toute ma vie à attendre avant d'arriver à la couronne où j'ai droit et au bonheur où j'aspire. O sainte famille du Ciel, que je sois un bon fils, un bon frère !

» La famille religieuse est faite pour donner une idée de la famille du Ciel. Quel vaste champ de méditation ! Je jouis de cette famille depuis quatre ans et aujourd'hui la grâce de DIEU m'y fait jeter un regard qui me semble une découverte.

» Une pensée me gênait. — Mais, me disais-je, le sensible me fait oublier le surnaturel. J'ouvre les yeux : adieu la famille du Ciel ! Plus que de simples hommes. — Eh ! non. En quel Père est-ce donc, en quelle Mère est-ce que je dis à chaque hôte d'Aberdovey-Hall : mon frère ! N'est-ce pas en DIEU et en Marie ?...

» JÉSUS, augmentez toujours en moi ce sens de la famille, cette *piété* filiale et fraternelle. Non, le sensible ne peut plus gêner le surnaturel : tous les hommes, frères en JÉSUS, tous intéressants à titre égal pour un apôtre, me portent à JÉSUS. Dès que je monte au-dessus de chaque âme, je rencontre JÉSUS. Si je vois clair, je vois des liens surnaturels partant de chaque homme pour aller directement à JÉSUS, et, par Lui, avec Lui, en Lui, une seule louange arrivant au Père commun. Tout le genre humain est rassemblé : l'aîné seul prend la parole. *Nemo nisi per me.......* »

Ceci était écrit pendant une retraite, après la seconde année de Juvénat, et quelques mois plus tard, comme il rendait compte de sa conscience ; il bénissait encore DIEU de la lumière qui mettait l'ordre et l'unité dans sa vie spirituelle en la ramenant tout entière à l'idée de la famille ; il rattachait là et l'abandon, sa vertu chérie, et son apostolat futur avec tous les travaux nécessaires à l'y préparer de loin. « De la sorte, disait-il, que je prie, que je parle à mes frères ou à qui que ce soit, que je travaille, que je me tourne ici ou là, c'est toujours une seule et même chose que je rencontre : la famille surnaturelle à honorer, à augmenter, à prêcher. »

Or, on voit déjà l'homme et l'enfant s'unir jusqu'à ne faire qu'un dans cette âme privilégiée. Si la familiarité simple du cœur est une vertu enfantine, quoi de plus viril que ces vues larges et fermes, que les résolutions et les actes où elles aboutissaient fidèlement ! L'idée de la famille surnaturelle n'était pas seulement pour le Frère un thème à spéculations affectueuses ; elle devenait la forme de sa spiritualité pratique, le mobile de sa générosité ! « Avoir avec

JÉSUS les relations qu'on a avec un frère DIEU, à qui l'on veut faire mille plaisirs ; » c'était le mot d'ordre textuel et la conduite s'y ajustait. De là une piété confiante, un véritable cœur à cœur dans la prière : le F. Besnardeau savait en faire un entretien, une confidence, une causerie. Il disait : « Les phrases familières que l'on dit à un père ou à un ami, sont celles que JÉSUS demande. » Il voulait qu'on se serrât autour du Tabernacle comme autour du fauteuil du frère aîné. Une fois là, après un signe de croix qu'il appelait « une ligne de démarcation entre DIEU et toute pensée étrangère, » il regardait Notre-Seigneur et lui contait en détail ses impressions ou les petits événements de sa vie. « Au sortir d'une récréation, par exemple, lorsqu'un Frère ne m'a entretenu tout le temps que de plaisanteries, alors que je sentais le besoin d'une conversation pieuse, je le dis à Notre-Seigneur, je lui dis que je suis peiné, fâché contre tel Frère. Ce Frère, ô JÉSUS, m'a fait de la peine ; je lui en veux. Consolez-moi, pacifiez-moi. »

On lui demandait un jour : « Que dites-vous à Notre-Seigneur en le quittant à la fin de la messe ou des visites ? » — « Au revoir, comme en quittan mes frères. » On a su de même qu'une fois au lit, il croisait les bras sur sa poitrine et disait : « Allons, mon JÉSUS, aimons-nous bien ; » et la même formule naïve lui servait souvent à rendre grâces après la sainte Communion.

Telle est bien la simplicité familière dont un enfant s'approche du Maître, converse avec Lui, vit avec Lui en toute circonstance et à toute heure. Supposez de plus une imagination originale encore avivée par l'amour, et l'enfant trouvera des industries à part, des inventions tout aimables.

Étant sacristain au Noviciat, le F. Besnardeau était heureux de disposer d'avance les hosties dans le ciboire, et s'imaginait laisser tout au fond son propre cœur. N'est-ce pas comme la contre-partie de ce sentiment gracieux qui lui faisait écrire un jour : « Je voudrais me faire petite hostie pour descendre jusque dans le cœur de mes frères et aller leur dire combien je les aime. »

Plus d'une fois, il obtint de passer devant la crèche une grande partie de la nuit de Noël. Alors, il prenait avec lui l'Enfant JÉSUS et sa Mère, puis il faisait en idée le tour de la maison, visitant chaque Père ou Frère et priant ses augustes compagnons de tout bénir. De là, on allait à Sillé porter la même bénédiction à tous les membres de la famille, parfois même à Rome, auprès du Chef de l'Église. Voilà qui remplissait de longues heures.

Et voilà, si l'on veut, la part de l'enfant dans la vie spirituelle du F. Besnardeau : contemplation naïve des mystères, simplicité, familiarité dans les rapports avec DIEU, industries charmantes du cœur et de l'esprit tout ensemble. On peut y joindre encore la joie, l'allégresse tressaillante. « Quand j'ai bien travaillé, quand j'ai rempli de point en point mon programme du jour, je suis si content que, le soir au lit, je demeure parfois une heure sans dormir : la joie me retarde le sommeil. » Mais ici, comme partout, la réflexion vient à l'appui du mouvement spontané de l'âme. Cette joie qui l'envahit par moments jusqu'à l'agiter outre mesure, le F. Besnardeau y voit un moyen, une force, et il la veut partout, même dans le recueillement absolu de la retraite. « Bien que la retraite ne soit point notre vie ordinaire comme pour les Chartreux ou les Trappistes ; bien que, par suite, on puisse y éprouver une certaine gêne ; bien qu'il faille être généreux pour s'y donner ; c'est pourtant une fleur qui a son parfum, parfum que nous devons chercher à sentir, la douceur du cœur à cœur avec JÉSUS. » Aussi, quand on donne les exercices, il faut savoir y mettre le rayon. « Dire et faire pénétrer dans les esprits que le temps de la retraite est un temps de joie, tout heureux, tout désirable... Donner quelquefois à ses idées un air de jeunesse, un teint frais et rose. Sourire quelquefois pendant ce temps. Rien qu'un léger sourire en passant pour réconforter une joie chancelante, relever une tristesse, qui sait ? » Est-ce l'enfant, est-ce l'homme qui écrit ces lignes si sages ?

Rien de puéril sous la grâce enfantine dont parfois
sa piété s'enveloppe. Il raisonne, il prévoit, il agit ;
les fruits se montrent et voici la maturité.

II

ELLE apparaît dans l'esprit tout d'abord, mais il
faut relever ici un contraste. L'intelligence
n'est pas encore mûre pour les choses profanes, mais
elle l'est étonnamment pour les choses de DIEU. Le
F. Besnardeau n'est pas homme à se contenter d'une
image flottante ou d'un sentiment plus ou moins
vague. Avant de sentir et de vouloir, il veut savoir
et comprendre le plus possible ; selon l'ordre de
nature et l'indication de saint Ignace, il veut connaître pour aimer. Ce contemplateur simple et in-
ventif jusqu'à l'audace, est curieux du détail authentique ; il s'étudie à fixer les circonstances exactes de
temps, de lieu, de mise en scène ; comme saint
Ignace en Palestine, il recueille avec un soin jaloux
les moindres vestiges du Seigneur et de sa Mère.
Ainsi fait-il pour les saints de la Compagnie, par
exemple, et sur chacun d'eux, il rédige à son usage
une brève notice. Presque à chaque page de ses
écrits spirituels, vous retrouvez cette inquiétude
de se rendre compte, de savoir le vrai des choses,
mais en outre de saisir et de pénétrer autant qu'il

peut la doctrine. Si, dans ses investigations, une obscurité l'arrête, si ses notes offrent de loin en loin un aperçu incomplet, il en a conscience tout d'abord. « Je force ma pensée, écrit-il à la suite, je ne vois pas », ou quelque autre formule analogue. Il en souffre et s'en humilie en attendant de s'éclaircir. Ainsi va-t-il se faisant de très bonne heure une spiritualité précise, lumineuse et déjà docte. Il sait beaucoup, il devine beaucoup aussi et, au témoignage d'un prêtre, qui fut son compagnon de Noviciat, il lui arrive de parler de DIEU en termes étonnants pour son âge, rencontrant par un pressentiment sûr des vérités doctrinales qu'il n'a jamais apprises. Est-ce merveille, du reste ? Le Saint-Esprit n'a-t-il pas accoutumé d'instruire vite les âmes pures et de bonne volonté ?

Et la délicatesse du cœur, aidant l'essor de l'intelligence, l'élève sans effort à des vues hautes, larges, noblement courtoises envers DIEU. « Aujourd'hui, écrit-il un jour de Jeudi Saint, je me sers d'une méthode de récollection bien douce et féconde ; soyez en juge. C'est de féliciter Notre Seigneur. Et de quoi le féliciter ? En effet la question n'est que naturelle : tant de choses mystérieuses et magnifiques se sont accomplies à pareil jour ! Je félicite donc Notre Seigneur bien simplement d'avoir si parfaitement atteint ses fins divines. Je fais souvent ainsi quand le mystère est trop haut, ou ma disposition médiocre ; et souvent il arrive que par là je me sens élevé à quelque intelligence du mystère lui-même. Voyez par exemple avec quelle convenance nous pouvons en user de la sorte aujourd'hui. Nous ne saurions connaître, à raison de leur profondeur et de leur élévation, les sentiments de Notre-Seigneur en un tel jour ; il y faudrait la connaissance de tous les effets de l'Eucharistie tels qu'il les prévoyait dans l'avenir. Mais nous savons qu'il désirait d'un grand désir, comme il le dit lui-même, de manger cette Pâque avec ses disciples ; nous pouvons donc concevoir le bonheur qu'il ressent de ce désir satisfait ; nous pouvons nous réjouir avec lui dans un acte de parfait amour, en voyant la joie qu'il éprouve d'avoir si bien accompli sa fin. » Ailleurs, il recommande cette oraison jaculatoire pour les moments d'impuissance ou tout au contraire de consolation vive : « Mon DIEU, je vous félicite pour tout ce que vous faites et pour tout ce que vous êtes, » et il ajoute : « J'aimerais qu'on me la suggerât à mon lit de mort. »

Mais dans une âme que la grâce a mûrie, la hauteur et la noblesse du sentiment ne doivent jamais nuire à la précision de l'idée, et le F. Besnardeau savait déjà les unir et les fortifier l'une par l'autre : témoin ce fragment sur l'homme de DIEU.

« Devenir un homme de DIEU, l'homme de quelqu'un que je ne vois pas, que je n'entends pas ! de

quelqu'un dont la volonté ne m'est jamais qu'indirectement manifestée ! Devenir l'homme de ce qui
n'est pas sensiblement autour de moi, l'homme de
l'invisible, l'homme d'un esprit, l'homme de quelqu'un que je ne comprends pas ! Voilà où je dois
atteindre. Juger selon DIEU, vouloir selon DIEU,
choisir selon DIEU ; avoir des principes et une ligne
de conduite dont tout soit éliminé sauf DIEU ! Oui,
le but, c'est le néant de tout excepté DIEU.

» Homme de DIEU, c'est-à-dire homme de plus
haut que moi. Les mondains sont les hommes de
plus bas qu'eux-mêmes. Moi, je me donne absolument à Celui qui me dépasse, à Celui qui dépasse
tout...

» Homme de DIEU ! En voulant le devenir, je
me range dans la minorité ; j'ai contre moi et mes
principes une majorité écrasante, des milliards
d'hommes.

» Et pourtant, je suis dans la vérité et j'ai raison
d'agir ainsi. »

Comme l'élévation du sentiment pourrait çà et
là faire échec à la justesse, l'élan d'un cœur jeune
entraîne aussi quelquefois au delà du raisonnable
et du possible. Le F. Besnardeau était jeune, il était
ardent à l'amour, et cependant la grâce qui le guidait lui donnait le sens et le goût d'une spiritualité
réfléchie, raisonnée, pratique, sans générosités roma-
nesques ni chimères d'héroïsme. C'est ainsi que, médi-

tant d'après saint Ignace le règne de JÉSUS-CHRIST, il faisait cette remarque : « Ne pas prendre pour lâcheté le sentiment de l'assurance de la victoire à la suite de Notre-Seigneur. Il est nécessaire de l'avoir, car nous ne devons risquer notre âme qu'à cette condition.» Même droiture sensée dans les réflexions qu'il adressait à un Frère à propos de l'oubli de soi. « Il y a des moments, disait-il, où je me sens porté à interpréter mal ce mot. Il me semblerait alors signifier quelque chose comme ceci : l'intelligence et la volonté pensant et voulant tout sans réflexion sur elles-mêmes, la pensée et le désir oubliant, pour ainsi dire, l'âme dont ils sont les actes, pour ne s'attacher qu'à DIEU et Notre-Seigneur, mais comme si DIEU et Notre-Seigneur ne nous touchaient pas ; — en un mot, une chose impossible, une ombre séparée du corps qui la produit, un geste séparé du bras qui le fait.

» Tout cela est faux. Je ne puis pas penser au bon DIEU comme n'ayant point de rapports avec moi. Du moment que je pense à lui, je l'aime et je veux m'approcher de lui ; de même pour Notre-Seigneur ou la Sainte Vierge. Donc s'oublier, ce n'est pas ne point penser du tout à soi-même. »

Nous voilà loin des imaginations qui se payent volontiers de mots ardents, de métaphores passionnées, qui, sans trop s'expliquer ce qu'elles veulent, rêvent de se perdre, de s'abîmer, de s'anéantir en

Dieu. Où sera donc l'oubli de soi pour cette âme généreuse mais lumineuse aussi, jalouse de voir clair dans ses sentiments parce qu'elle entend les réduire en actes ? Le Frère le met en ces trois points qu'il s'étudie à préciser.

C'est d'abord oublier de nous-mêmes « tout ce qui nous éloignerait ou voudrait nous éloigner de Dieu : notre répugnance à nous vaincre, à souffrir, nos désirs déréglés, nos petites passions, tout ce qui, en nous, est mauvais. » Mais encore en quoi consistera l'oubli ? Avant tout, à ne pas nous inspirer de tout cela dans la pratique ; puis à ne pas trop nous arrêter à regarder en nous tout cela, quand ce regard irait à nous contrister, à nous absorber, à nous voiler la force dont nous sommes capables en nous unissant à Dieu.

Qu'oublier encore de nous-mêmes ? Ce qui est bon en soi mais trop naturel, comme serait même la joie humaine que nous peuvent donner la grâce, la vertu. Oublier, ici, c'est ne point s'arrêter là-dessus par complaisance et pour jouir, c'est surnaturaliser le tout par l'intention.

S'oublier enfin, c'est excellemment rapporter à Dieu tout ce qu'on a, tout ce qu'on est ; « c'est avoir la pensée et le cœur habituellement tournés à l'amour, à la reconnaissance... » Or, le Frère observe avec un parfait bon sens que cela même suppose un certain regard sur nous ; que « pour en venir là, il faut évidemment placer en face de DIEU l'autre terme du rapport, qui est nous-mêmes. » Voyons DIEU, mais voyons nos faiblesses ; en tant que vaincues, elles appellent l'action de grâces, en tant que permanentes, elles nous excitent à la prière et à la confiance. Voyons DIEU, mais voyons nous comblés de ses dons ; de là naîtront la reconnaissance et l'humilité, si glorieuses pour DIEU l'une et l'autre. « En résumé, le moi n'est à oublier que quand il me fait retomber sur moi-même par la défiance et le découragement. Sauf quelques actes passagers d'amour très pur, le moi est indispensable quand il s'agit de m'élever à DIEU. Ce n'est, il est vrai, qu'un escabeau pour monter ; mais monter sans cela ? le moyen ?. » Justice est donc faite des chimères, et l'âme sait exactement ce dont elle parle quand elle parle de s'oublier.

Beaucoup d'autres documents nous montreraient chez le F. Besnardeau ce beau trait de maturité d'esprit, le goût du lumineux et du pratique. A ce point de vue, rien ne vaudrait peut-être l'analyse de son élection définitive, à la fois théorie et code usuel de la vertu d'abandon. Mieux vaut, ce semble, produire la pièce tout entière : on la trouvera dans l'appendice, et le moindre fruit que l'on puisse en retirer sera de voir quel homme réfléchi et sage la grâce formait dans cet enfant.

En effet, si la pensée était sage, les actes allaient de pair. Le bon sens animait tout, relevé d'ordinaire

par cette pointe d'originalité qui n'était jamais longtemps sans paraître. Au Noviciat, le Frère, faisant
son mois d'expériment à la cuisine, souffre vivement
d'être éloigné de la communauté, il trouve le temps
long, il est tenté de se préoccuper du terme. Alors, il
s'exhorte à vivre au jour le jour, et il écrit ce mot
charmant dans l'espèce : « Ne lavons pas aujourd'hui
la vaisselle de demain. » — Et il en est des grandes
choses comme des petites. Que de bons sens dans
cette résolution par exemple ! « A chaque moment,
oublier le moment qui précède, me voiler celui qui
suit, me concentrer, m'abandonner dans l'amour
de JÉSUS » — Même caractère dans cette autre
maxime de conduite : « En tout, faire le commencement, tenir absolument à le bien faire ; passer
bien le premier jour des vacances, de la retraite, des
classes ; bon moyen de passer bien les autres. Pour
ma persévérance, je m'appuierai sur DIEU. » — Une
autre fois, — c'est dans un de ses derniers comptes
de conscience — il reconnait avoir peu de dévotion
sensible au Sacré-Cœur, mais il est loin de s'en troubler. « J'aime la personne de Notre-Seigneur, son
amour, son âme, son humanité ; je ne pense presque
jamais à son Cœur. Je ne m'en inquiète pas : la dévotion au Sacré Cœur est la dévotion à tout cela. »

Voilà le bon sens, le bon sens capable de soutenir
et de pacifier l'âme. Dès lors il suppose le courage,
ou du moins il y touche et nous commençons de voir

apparaître une autre maturité plus belle encore que celle de l'esprit.

III

CAR la sagesse est pour la vertu, et la grâce ne mûrit l'intelligence que pour mûrir la volonté. Or dans sa vie spirituelle, dans le gouvernement pratique de son âme, l'enfant dont nous recueillons les souvenirs sut vouloir et vouloir en homme. Peut-être mou par nature, la grâce le rendit fort, et tout d'abord de cette force élémentaire qui garde l'âme d'offenser DIEU. Il avait en horreur la moindre faute. Il le déclarait à Notre-Seigneur lui-même : « Mon JÉSUS, j'exècre le péché véniel ; je veux tout faire plutôt que de le commettre. » — Il le déclarait à ses Supérieurs. Rendant compte d'un moment de combat et de moindre ferveur sensible, il ajoutait : « Cependant je n'ai point failli, je vous le dis avec joie ; car si j'avais commis le moindre péché, je ne saurais où me cacher. » — Il le déclarait à qui voulait l'entendre. « Je n'oserais plus paraître devant mes frères si j'avais le malheur de commettre un seul péché véniel. »

On a tout lieu de croire que les effets répondaient aux sentiments. J'en trouve un indice dans cette note écrite pour le R. P. Provincial, à la date du 25 août 1881 : « Je ne sais si, depuis ma deuxième grande retraite, j'ai commis un péché véniel délibéré. » Or, c'était un intervalle de huit mois.

En même temps, pas de trouble, pas d'anxiété, pas de discussion avec lui-même. « Devant un scrupule comme celui-ci : Est-ce un péché véniel ou une simple imperfection ? — je passerai outre, remettant mon doute à la miséricorde de Notre-Seigneur. »

Il était donc assez fort pour se garder pur du péché, pur aussi de toute recherche personnelle. « Aussitôt que me viendra cette pensée : Je me cherche ; c'est pour mon cœur, c'est pour ma vanité ; m'arrêter et faire élection. » Autour de lui, on ne doutait pas qu'il ne se tînt à cette maxime courageuse. « Il avait, dit un témoin, la rectitude du regard de l'âme, allant droit à Dieu, cherchant Dieu et Dieu seul dans les choses même les plus petites et les plus communes. J'aurais vu faire n'importe quoi au F. Besnardeau, que je n'aurais pu m'empêcher de penser : Il fait cela pour le Bon Dieu. »

Mais une telle pureté d'intention ne va pas sans le détachement, sans une parfaite pauvreté intérieure et extérieure. Le Frère l'entendait bien ainsi. Je n'ai plus à dire avec quelle énergie pratique il avait assuré la liberté de son cœur. Pour le reste, j'emprunte à ses méthodes ou résolutions ce fragment significatif.

« *Nulla re tanquam propria.* Mes notes, mes lettres, mon temps, ma joie (en tant qu'elle ne dépend pas de ma volonté et qu'elle est une consolation venant de DIEU,) mon talent, mes compositions, l'amour témoigné par mes frères, mon corps, ma santé : je ne suis attaché à tout cela qu'autant que cela sert à la gloire de DIEU. — A mes notes, parce que j'y prépare la science requise pour mon apostolat ; — à mes lettres, parce qu'elles sont le texte dont je me servirai pour faire du bien aux Frères qui me les ont écrites ; — à mon temps,parce que DIEU en réclame toutes les secondes ; — à ma joie, parce qu'elle me donne la liberté d'esprit que je sens m'être nécessaire ; — à mon talent, parce que tous les développements que je lui donne profiteront aux âmes;— à mes compositions, parce qu'elles améliorent l'instrument du zèle ; — à l'amour de mes Frères,parce que j'ai besoin d'eux pour ma dilatation et parce qu'ils sont une récompense, un à-compte donné par JÉSUS;— à ma santé, à mon corps, parce que je dois, selon le cours naturel des choses, m'en servir pour procurer la gloire de DIEU.

» Mais vienne un événement qui m'enlève de tout cela une partie, ou même tout à la fois, je veux pouvoir dire : Tant mieux ! C'est mon DIEU et souverain Seigneur JÉSUS qui se glorifie. Donc qu'on brûle mes notes, qu'on m'ôte mes lettres, qu'on prenne tout mon temps, que DIEU m'enlève

toute consolation, mes Frères, les forces de mon
esprit : je ne l'en bénirai que davantage. Et même
alors j'aurai de quoi soutenir ma vie, de quoi remplir toute l'exigence de mon cœur : la volonté de
JÉSUS, mon DIEU, se fait en moi; je souffre, mais je
le glorifie et je n'ai qu'à le glorifier par mon plus
grand anéantissement. »

L'Écriture nous dit qu'une vie immaculée vaut
une noble et belle vieillesse : *Ætas senectutis vitæ
immaculata*, et nous avons reconnu dans le F.
Besnardeau ce premier degré de maturité spirituelle. En voici un autre, la fidélité parfaite. Or ce
n'est point merveille qu'une âme, devenue de par
DIEU assez forte pour se déprendre si bien d'elle-
même, ait eu le courage de garder toutes les obser-
vances religieuses ; mais, à vrai dire, peu savent le
porter et le soutenir à cette hauteur. « Tout peut
m'être ôté, disait-il, excepté mon heure de méditation et mes deux examens. » Et que de précautions pour se les assurer parfaits ! La méditation est
préparée par écrit ; au cours même de l'exercice, le
Frère éloigne avec un soin exact les occasions de distraction, jusqu'à se prescrire à l'avance d'écarter sa
bougie pour n'être point tenté de la regarder brûler.
—La prévoyance redouble avec les difficultés de circonstance. En promenade, par exemple, s'il y a là
quelque devoir pieux à remplir, la modestie la plus
sévère vient en aide au recueillement. « Personne,

écrit le Frère, ne peut s'offusquer de ce que je baisse les yeux en faisant ma méditation sur les routes. » Inutile de revenir sur les garanties spéciales dont il s'entourait pendant la quinzaine des *grandes vacances* ; mais il fait bon de noter que, les exercices de règle étant saufs, il assurait avec la même énergie ses pratiques de dévotion libre et personnelle. Un jour, à Jersey, il avait réclamé d'un Frère, je ne sais quel service, à rendre dans le courant de la journée. A la fin de la récréation de midi, celui-ci vint se mettre à ses ordres. Le F. Besnardeau demande un quart d'heure de répit. — Impossible. — Il prie alors qu'on diffère jusqu'au soir. — Impossible encore. — « En ce cas, dit-il, je vous remercie, vous me rendrez ce service une autre fois ; mais je sais par expérience que si je remettais, même d'un quart d'heure, ma visite accoutumée au Saint-Sacrement, je l'oublierais et finirais par l'omettre. » Nul doute qu'il n'en eût couru le risque si les rôles avaient été renversés et qu'on eût fait appel à sa charité à lui ; mais hors de là, il aimait mieux être inflexible. L'officieux éconduit, qui raconte lui-même ce trait, en prend occasion de dire l'impression que lui donnait l'attitude habituelle du F. Besnardeau en présence du Tabernacle. Après sa longue génuflexion et son grand signe de croix, il se tenait immobile, les bras croisés sur la poitrine et appuyés au banc, l'œil attaché à l'autel vers lequel toute sa personne semblait tendre par un calme, mais sensible effort. On eût dit qu'il voyait Notre-Seigneur.

Aussi bien tout contribuait à rendre son union avec lui vraiment continuelle. Nous savons déjà que les allées et venues se faisaient en cette divine compagnie. A vrai dire, elle remplissait la journée entière, et le Frère s'était créé pour cela une industrie qu'il appelait bien simple. « Le matin, à la récollection, je me fais une composition de lieu pour toute la journée. J'y encadre Notre-Seigneur, souvent avec sa Sainte Mère ou quelque autre Saint. J'y joins un texte de la Bible, d'un saint auteur, de n'importe qui. Ainsi, ai-je de quoi me représenter Notre-Seigneur et de quoi lui parler, quand, dans la suite du jour, je veux revenir à Lui promptement, tranquillement et le plus souvent possible. Voilà pour l'intérieur. A l'extérieur et selon l'esprit de la contemplation *ad amorem*, je tâche de trouver partout JÉSUS : dans mes frères, de petits Dieux, d'autres JÉSUS ; dans la règle, la volonté de JÉSUS.; dans toute joie, une caresse de JÉSUS; JÉSUS devenu tout: voilà mon *panthéisme*, à moi. — Pour l'action, je tâche d'être fidèle à l'amour et aux grâces de Notre-Seigneur, comptant sur lui et m'abandonnant à lui devant toute difficulté. C'est bien simple. L'ai-je toujours fait ? Non, mais je m'y efforce autant que possible. »

C'est bien simple en effet, bien simple à concevoir

et à dire. Mais alors même qu'on ne réussit pas toujours à le faire, chacun voit que, pour y tendre sans
relâche, il faut une vraie maturité d'âme, une persévérance qui n'est pas de l'enfant. Le F. Besnardeau n'a
jamais cessé d'y tendre. Pour s'y aider encore mieux,
il avait mis toute cette tendance dans un mot d'ordre capable d'évoquer à la fois mille souvenirs.
D'abord ce fut la voix du Maître lui disant : *Mecum*;
plus tard, ce fut le nom adorable lui-même : *Jesus*.

A ce prix, il lui demeurait uni sans contention,
sans scrupule, se retrouvant après les occasions dis-
trayantes et se ramenant à DIEU par un mouvement facile et doux. « Je me plaignais à lui, raconte
un Frère, de mon peu de recueillement, de la vie inquiète où me jetaient les distractions, les récréations
dissipantes. Les agneaux étaient alors nombreux
sur nos collines d'Aberdovey, et le Frère aimait
beaucoup les agneaux. — Il faut faire comme eux
me dit-il. Ils courent, folâtrent, puis reviennent
toujours auprès de leur mère. Ainsi nous-mêmes,
après des heures, après une journée de distraction
ou de peine, nous devons nous reposer auprès de
JÉSUS, jeter tout dans son cœur, nous *dégonfler*.
J'aime à lui dire : Mon DIEU, pacifiez-moi, ramenez
le calme en moi. »

J'ai fait observer déjà que cette union en DIEU
n'avait rien d'anxieux ni de tendu. Peut-être, con-
vient-il d'y insister, quelques-uns des contemporains

du F. Besnardeau ayant paru croire le contraire.
Mais en ce point, son témoignage est formel et s'accorde au reste avec celui des Supérieurs. A Jersey,
la période d'affaiblissement étant déjà commencée,
un de ses intimes lui demandait un jour s'il se for-
çait pour penser constamment à Notre Seigneur.
« Non, répondit-il, je le fais sans effort. Quand je
sens que la fatigue en résulterait, j'abandonne cette
pratique. » Et quelques mois plus tôt, il écrivait
au même Frère : « Dans les moments où il fallait
ménager ma tête, j'usais d'une méthode d'oraison
qui vous serait utile peut-être en semblable occurrence. Je lisais l'Imitation, et quand se rencontrait
une phrase notable, comme sentiment ou comme
doctrine, je me figurais la dire au Seigneur JÉSUS
ou me l'entendre dire par lui-même. Ainsi la répé-
tais-je dix fois, vingt fois, lentement, par intervalles et sans aucun empressement de passer à autre chose. De la sorte, je ne méditais guère plus
d'une demi-page, la goûtant doucement dans le
Seigneur. »

Avec ce tempérament de sagesse pratique et modeste, la spiritualité du F. Besnardeau pouvait sans
péril être vive, agissante, ingénieuse. La maturité
surnaturelle contenait et dirigeait l'élan de nature,
mais sans l'entraver. La grâce avait donné à cet enfant la force de résistance qui maintient le cœur
pur et fidèle, mais encore la force d'impulsion qui

l'aiguillonne et le pousse au meilleur. Il voulait la perfection, l'union à DIEU toujours plus étroite, et cette volonté résolue, avivant à la fois toutes ses puissances, le tenait constamment en éveil et en haleine, toujours en quête de moyens et en travail d'invention. Peu d'âmes, je le crois, sont à ce point industrieuses. Tout lui était bon, tout rentrait aisément dans sa préoccupation dominante : objets liturgiques, vases sacrés, réminiscences poétiques ou musicales, il faisait arme de tout. Un jour, à la crèche, il s'avisait de consoler l'enfant JÉSUS en lui chantant intérieurement des cantiques. Une autre fois, c'était une simple image qui lui fournissait une méditation entière où l'artiste servait à point nommé le contemplateur. Écoutons plutôt.

« Sur le fond du tableau, l'ange gardien. L'agrément extérieur n'est point recherché. L'ange est lumineux ; vêtu d'une longue robe qui cache ses pas, il semble glisser sans marcher. Grâce à la simplicité du vêtement, l'attention n'est pas distraite de la beauté intérieure et spirituelle, elle y est menée au contraire. Or, ce visage angélique ne parle que de paix, de douce sérénité. On sent que la vie de cet ange coule d'une source large et inépuisable dont il ne se sépare jamais.

» Ses yeux sont abaissés sur un jeune enfant qu'il fait avancer en le touchant légèrement de chaque main. Il semble plutôt le laisser aller que le

pousser. Ses bras sont ouverts seulement pour empêcher un faux pas, comme fait une mère qui exerce
son petit enfant à marcher.

» Le jeune enfant que l'ange accompagne est vêtu
en pèlerin ; rien ne manque : le manteau, le bour-
don, la gourde, le scapulaire et le chapelet. La
route est bordée de fleurs ; mais l'enfant dit son
chapelet, les yeux baissés sans effort, et il marche
à la lueur de l'ange qu'il a derrière lui. Là encore,
c'est la paix dans l'attitude, l'assurance céleste dans la marche. Le cœur de l'enfant est loin du
chemin qu'il foule. Il marche, le cœur plein de
son but ; c'est qu'il se sent sous une main puissante
et aimante. L'ange et lui sont tellement recueillis,
tellement étrangers à la scène qu'ils traversent,
qu'ils semblent passer tous deux comme un souffle
léger. L'esprit les suit et ils l'emportent avec eux au
but de leur pèlerinage, au Ciel. »

Cette esquisse devient le prélude ou le premier
thème d'une double réflexion sur la sollicitude de
l'Ange gardien, et sur l'assurance qu'elle doit nous
inspirer.

Dans son ardeur industrieuse, le Frère met à contribution toutes les créatures, les phénomènes natu-
rels, les hommes, les événements. Par exemple, il
construit une méditation sur quelque incident de la
veille, ou bien encore il écrit : « L'autre jour, — un
jour de congé, sans doute, — comme je faisais mon

examen du soir, je sentais mon âme portée à DIEU par la nature qui m'entourait, surtout par le bruit de la grande marée. Je me sentais heureux de penser que, partout où je serais, il y aurait des moments où la nature me parlerait de DIEU et me le ferait goûter. Mais il y a, me disais-je aussi, quelque chose qui me parle de DIEU bien plus éloquemment, le cœur de mes frères. *A sole radii.* Donc, amour au souverain soleil qui m'échauffe et dont je ne vois encore que les reflets. — Et cependant peut-être n'aurai-je pas toujours mes frères ; aussi ne m'appuierai-je que sur le Cœur de JÉSUS. »

N'est-ce pas bien l'abeille qui sait butiner partout ? Mais ici les épines mêmes servent comme les fleurs. Au commencement d'un hiver, le Frère se dit : « Tout ce que je souffrirai du froid, je l'offrirai pour la mission de la Compagnie aux Montagnes-Rocheuses. » User des circonstances, y adapter le sentiment et l'intention : moyen sûr de se renouveler constamment soi-même, et d'ailleurs marque d'une âme attentive à ne rien laisser perdre de ce qu'elle peut acquérir de perfection ; âme souple d'ailleurs, âme active, capable de se plier à tout ou plutôt de plier tout à son unique désir.

De là encore ses méthodes variées, ses plans multiples de conduite. Nous l'avons vu les communiquer avec un abandon naïf, sans prévoir qu'on en ferait une objection contre sa spiritualité pratique.

Il en fut ainsi pourtant, et quelques-uns furent tentés de la juger minutieuse, embarrassée dans un labyrinthe de détails. Ils ne prenaient pas garde que beaucoup de ces méthodes ou résolutions avaient été de simples projets mis à l'essai, puis abandonnés après expérience, mais qui, une fois écrits, restaient en portefeuille, parce que lé Frère conservait tout. En ce point, trois choses demeurent certaines.

Et d'abord, par avidité de perfection, il avait une fécondité exceptionnelle à inventer des industries, une étonnante sagacité à prévoir les occasions de faute ou de vertu. Chaque matin, en quelques minutes de considération, il parcourait du regard la journée entière et l'organisait comme pourrait faire un Supérieur.

Était-ce goût du détail, minutie d'instinct? Non, car de son propre aveu, il ne pouvait tout prévoir ainsi et tout régler sans une perpétuelle violence faite à son caractère, et l'on entend sans peine qu'il lui eût été plus commode de se laisser aller lui-même en laissant les choses venir. Il n'y avait donc là qu'un effort raisonné contre le vague et l'inconstance, deux ennemis que l'expérience lui avait appris à redouter.

Enfin, le plus étrange, ou disons mieux, le plus admirable, c'est que, parmi tant d'industries inventées, tant de moyens, essayés pour un temps ou passés en résolution et en habitude, il gardait toute son aisance, libre d'embarras, de contention, de scrupule. On l'a cru captif dans un réseau d'obligations infinies ; il aurait été plus juste de penser qu'il s'était fait de toutes pièces une armure à sa taille et qu'elle le défendait sans jamais l'entraver. C'est le témoignage formel de ses guides de conscience. Grâce de choix, sans doute ; mais aussi fruit de l'amour qui met partout l'allégresse : *Amans volat, currit et lætatur ;* — mais encore signe authentique d'énergie surnaturelle. Et n'est-ce pas le chef-d'œuvre de la force que d'atteindre au résultat avec une souplesse facile et comme en se jouant du fardeau ?

Car cette âme privilégiée avait ses fardeaux elle aussi. Là encore, l'extérieur a pu faire illusion, et de vrai, la trace de l'effort apparaissait rarement sur cette physionomie sereine et souriante. Il faut le reconnaître pourtant, la sérénité même et le sourire étaient souvent le prix de l'effort. Le caractère n'avait rien d'apathique, les sentiments étaient vifs, les impressions rapides et profondes. Aussi fallait-il que la spiritualité du F. Besnardeau se fît courageuse et militante, et, de fait, elle n'y manquait pas. Il parle quelque part d'humeurs noires, de tristesses fréquentes; il connaît la sécheresse, la tentation même. S'il suivait la nature, la moindre contrariété le bouleverserait. « Une question non éclaircie en histoire, un devoir manqué, font de moi, en une minute, un autre homme. » Mais en pareil cas, il trouve des ressources dans son courage, dans son sens pratique et joyeux. Voit-il un jour l'avenir en noir, il se trace à lui même cette ligne de conduite : « Alors, sourire, dire à JÉSUS : J'accepte tout. D'ailleurs, je vois noir, mais c'est blanc. Puis faire comme si j'allais à un dîner de fête, joyeusement, mais bien simplement. » — Et il conclut : « Abandon ! fermer les yeux sur tout, sur tous et sur moi-même, puis lancer le filet ! *Laxabo rete.* JÉSUS ne me demande pas de savoir, de réussir à tout, mais de m'abandonner en tout à sa volonté. Voilà ma science et mon repos. » Non pas repos inerte, somnolence imposée à l'âme pour assoupir du même coup l'épreuve. En vrai disciple de saint Ignace, le F. Besnardeau fait ses diligences contre la tempête intérieure. Il a recours à la prière, au sacrifice, à la mortification, il reconquiert la paix de haute lutte, et s'il a subi quelque défaite, il s'en punit. « J'ai soif de réparer, écrit-il à son Supérieur en le priant d'autoriser une pénitence extraordinaire, j'ai soif de réparer, c'est un besoin de mon cœur. J'ai bien pour cela le sang de JÉSUS ; mais il ne me coûte rien et je veux payer de mon fonds... Je ne sais si cela vient de mon amour-propre, et cependant je crois avoir surnaturalisé mes motifs. Je souffre quand je pense que je puis offenser Notre-

Seigneur tant de fois ; qu'après avoir dit : *Je veux*, je puis me démentir ; que, quand je jure d'être fidèle, je me sais capable de déserter. Oh ! alors quelle preuve apporter ? Quel don faire comme gage de ma résolution ? Je voudrais répandre tout mon sang et je sais que, l'heure venue du sacrifice, je tremble. Quelle perspective, mon Père ! Tant de dangers et me savoir lâche ! Ah ! comme j'ai besoin de Notre-Seigneur. »

Ainsi, l'orage même servait à mûrir la volonté. Avec ce courage fidèle et simple, le Frère se faisait indépendant de ses impressions, pourtant si vives, et il arrivait à passer dessus, selon sa belle expression, comme la locomotive passe sur les charbons qu'elle laisse tomber en courant. Tel le dépeint le guide spirituel qui l'a le plus intimement connu. « Chez lui, jamais de scrupules, jamais d'inquiétudes, jamais de tristesses. Consolé ou non, il était d'une parfaite égalité, marchant son chemin, le regard fixé sur Notre-Seigneur et sans aucun souci de ses impressions personnelles.

» On disait qu'il était toujours en consolation, qu'il n'avait jamais d'épreuves, qu'il ne connaissait de la vie que les douceurs et les joies. La vérité est qu'il avait l'âme trop haute, qu'il planait trop au-dessus des choses de ce monde, que son cœur était trop aimant et trop pleinement généreux, pour s'arrêter à goûter jamais l'amertume d'une tristesse, d'une humiliation, de ces luttes quotidiennes qui fatiguent et énervent tant d'âmes. Il sentait toutes ces piqûres ; mais là, où tant d'autres se débattent et se traînent, il passait joyeusement par amour, sans accorder un regard, sans se laisser ralentir dans sa marche toujours alerte et enjouée. »

Elle était donc forte et virile, cette spiritualité d'ailleurs gracieuse, enfantine même dans quelques-unes de ses allures. Le dévot de JÉSUS enfant, le contemplateur familier de ses plus doux mystères, était bien de l'école du Crucifié. Tout le monde, il est vrai, ne le connaissait pas sous cet aspect ; mais n'est-ce pas là précisément le triomphe de son énergie surnaturelle ? Pourquoi plusieurs n'ont-ils pas soupçonné la lutte ? Parce que la victoire était assez complète pour frapper seule les yeux.

IV

DANS la vie intérieure, l'esprit mûr a tout d'abord la connaissance de DIEU et de soi ; la volonté mûre s'affirme par l'abnégation de soi. De l'une et de l'autre se compose l'humilité, fruit légitime et, dès lors, indice manifeste de ces deux maturités réunies.

Le F. Besnardeau fut humble, mais non sans effort : leçon consolante pour tous et où je dois appuyer un moment.

Il était naturel que la vie d'études n'allât point
sans quelques humiliations fort sensibles à cette
nature délicate. Et ce ne furent point seulement les
mathématiques, ni la philosophie çà et là, qui don-
nèrent occasion à plus d'un sacrifice d'amour-propre.
Au Juvénat et sur un terrain moins neuf pour lui,
le Frère eut ou crut avoir à souffrir. J'ai dit ailleurs
les obscurités soudaines qui se faisaient dans son
esprit encore jeune, et marqué les lacunes de son
talent d'ailleurs si riche en promesses. Or, ces
lacunes, il se les exagérait volontiers ; ambitieux
par zèle mais aussi par tempérament, il souffrait
outre mesure de certaines difficultés plus ou moins
chimériques et de certains échecs dont lui seul quelquefois avait conscience. Mais peu importe la réalité
de l'objet ; les impressions n'en étaient pas moins
vives, ni le combat moins nécessaire. Et puis de la
souffrance du moment aux inquiétudes d'avenir,
la pente n'était que trop facile et sa prompte imagination l'y poussait. « Pour travailler avec fruit,
disait-il, il faut avoir conscience que l'on peut assez.
Or, je vise haut, je veux viser haut ; j'en ai besoin
d'ailleurs ; je me sens affamé de grandes idées, du
bon sens surtout ; je veux avoir la vérité claire,
lumineuse, sans subtilité, et je veux la rendre, la
donner telle..... Pour réaliser ce désir, il faut que je
croie le pouvoir, donc il faut que j'aie confiance en
moi, que je m'estime assez vigoureux pour l'entre-

prendre…. Or, moi qui désire tant, voici qu'une malheureuse expérience me prouve que je suis peu. Et pourtant, ce que je désire est simple en même temps que grand ; c'est la vérité, le bon sens lumineux et populaire. »

Ces inquiétudes ne pouvaient être domptées sans lutte et le Frère le voyait bien. Résumant l'histoire de quelques jours pénibles, de sa grande humiliation comme il l'appelait, il pouvait se rendre à lui-même ce témoignage : « Je l'ai prise, je crois, avec assez de surnaturel. J'ai toujours dit à Notre-Seigneur : Je consens à avoir l'intelligence moins forte… Que j'aie peu, soit ; j'ai toujours quelque chose. Travaillons donc dans le calme à la perfectionner. »

Il fit, grâce à DIEU, comme il disait. N'ignorant pas ce qu'il pouvait rester d'humain dans le sentiment beaucoup trop vif de ses minimes infortunes littéraires, il travaillait à « refréner cette intelligence trop ambitieuse. » — « Je sens de plus en plus vivement toutes les petites difficultés, insuccès, ennuis, etc. J'en remercie Notre-Seigneur et je vais toujours de l'avant, comme un petit enfant que je tâche d'être. » Être enfant de la sorte, c'est se faire homme assurément.

L'esprit, un moment déconcerté par ces vaines appréhensions d'impuissance, retrouvait son élan et sa force dans l'amour de Notre-Seigneur et de la Compagnie. « Donc c'est fait, écrivait énergiquement le Frère, tout ce que j'ai, tout ce que je suis est à elle ; elle est propriétaire de moi et elle disposera de moi comme elle le voudra. — Mais je me sens quelque chose là. Si elle ne l'emploie pas !... — Si elle ne te le demande pas, c'est qu'elle et DIEU n'en auront pas besoin. — Oui, DIEU peut procurer sa gloire sans moi. — Sans toi ; il n'est à cela aucun doute. — Mais combien viendront après moi qui chercheront, qui tâtonneront. Je leur laisserai au moins les fruits de mes études, les résultats écrits, palpables. Du reste, je serai caché, foulé, anéanti presque. — Ils peuvent même s'en passer. Et sais-tu ce que DIEU veut d'abord ? — Oui, le sacrifice. — Eh bien ! fais ce que tu peux, marche dans cette voie ; la Providence t'y arrêtera quand elle le voudra. Fais tout le possible, sois même entreprenant, mais ne trouve jamais qu'on te néglige, qu'on ne te prise pas assez. — C'est dit : je foulerai mon sentier. Humilité, privations. JÉSUS, que vous êtes bon et que je veux vous aimer ! »

Dans ce sentier que l'impression lui figurait par moments un peu plus âpre que nature, s'il ne rencontra point, tant s'en faut, toutes les humiliations qu'il acceptait d'avance, il trouva du moins, avec l'exercice de la vertu, la paix qui en est la suite. « Je suis devenu moins ambitieux, pouvait-il bientôt écrire. Je vois que j'ai moins de talent que je ne croyais. Je me console plus vite et plus surnatu-

rellement de mes échecs par une soumission amoureuse à Notre-Seigneur.

Mais avant d'aborder les études, il avait senti
d'expérience qu'il lui fallait combattre l'amour-
propre sur le terrain même de la spiritualité, de
la perfection. « J'ai, disait-il, à défaut d'une volonté
énergique, assez d'ambition pour aspirer à la sainteté
d'un Berchmans. » Rien de mieux jusque-là, et
pourtant cette ambition pouvait devenir un péril.
N'enfermait-elle pas un grain de stoïcisme, un secret
désir de jouir de soi-même et de sa force sentie ?
« Il y a des moments, avouait le Frère, où il m'en
coûte beaucoup de quitter mon beau rêve : être un
homme de volonté, tout d'une pièce, avoir une spiritualité de fer, marcher le cœur au large dans les
sécheresses, sans trouble, presque sans direction. »
C'est la tendance de nature, la tentation, si l'on
veut ; mais DIEU merci ! nous ne pourrons pas la
surprendre sans noter du même coup la résistance,
et quelques lignes avant cet aveu, nous lisons :
« Je vous écris pour me faire redire encore ce que
j'ai entendu cent fois : c'est que je suis une âme
faible. Dites-le moi, mon Père, dites-le moi toujours,
dites-moi que, si j'ai tant aimé Notre-Seigneur à
certains moments de ma vie, c'est qu'il faisait, Lui,
presque tout. »

Il a donc aimé Notre-Seigneur et nous verrons
plus loin dans quelle mesure. Cependant la nature

ambitieuse voudrait reparaître ici même. « J'enrage, dit familièrement le Frère, de voir que d'autres aiment JÉSUS plus que moi. » Et s'adressant au Maître en personne : « Dirai-je que je veux vous aimer plus que vos Saints ne vous aimèrent ? Oui, je suis jaloux de tous ceux qui vous aiment. Est-ce trop ambitionner, ô mon JÉSUS ? » — On pensera que non, peut-être. Le F. Besnardeau est plus sévère et il trouve là une part d'impatience, voire de jalousie humaine, qu'il faut transformer en émulation sainte. « D'autres ont plus de cœur que moi ; touchés de la grâce, ils iront plus loin que moi. La voix qui me dit de m'en attrister est la voix de la nature. JÉSUS me dit : Abandonne-toi ; désire les dépasser, mais que ce soit pour ma gloire. »

Voici un autre sentiment où l'on peut encore toucher le fond natif d'amour-propre. L'âme s'inquiète de ne pas se connaître assez, de ne pas sentir assez son progrès. Mais voici en même temps le sens droit qui la maintient et l'humble confiance qui l'épanche devant DIEU. « O mon tant aimé JÉSUS, ouvrez mon cœur et lisez-y mes regrets, mes inquiétudes, mes petits chagrins.

» Toute la journée, — une journée de retraite, — une pensée m'a poursuivi, bien des pensées plutôt. Je me dis : Je ne sais pas où je tends. Quelle est la fin de tel exercice, de telle méditation, de la retraite ? Je ne progresse pas dans votre amour, je ne pense même pas à y progresser. Mais qu'est-ce que progresser dans votre amour ? Est-ce faire tout avec des intentions de plus en plus hautes ? J'ai épuisé toutes ces intentions-là. Est-ce faire tout avec un amour de plus en plus sensible ? Je n'en suis pas maître. Donc ce n'est pas cela.

» Oui, mon bon JÉSUS, je ne marche pas, je ne progresse pas. Je me laisse aller au jour le jour, comme le règlement me mène. Je tâche seulement de faire mieux toutes mes petites actions quotidiennes. Je vis dans une sorte de ferveur facile, vite consolée. Faut-il que je ne sache pas le progrès que je fais ? Je le veux bien. Mais faut-il que, sous prétexte d'abandon, je vive sans chercher à progresser ?... Je voudrais avoir un but. »

L'amour-propre a deux voix contradictoires, l'une qui nous flatte, l'autre qui nous décourage. Comme nous tous, le F. Besnardeau les entendait chacune à leur tour, mais il savait leur répliquer. « Je suis continuellement tenté de jouir en égoïste de ma perfection réelle ou prétendue. Je me réponds, DIEU merci ! presque toujours : Notre-Seigneur et mes Supérieurs seuls savent ce qu'il en est, et ils jugent que je serais très vain d'en avoir de la gloire. »

Et maintenant écoutons la voix décourageante et la réponse de l'humble abandon. « Me plaindre de voir que ma sensibilité s'en va, que je n'ai plus guère de cœur, que même, — c'est ce que je pense quelquefois, — je n'en ai jamais eu beaucoup : c'est superflu, c'est vouloir me rendre plus beau que je ne suis. Je ne puis me faire autre que DIEU ne m'a fait, et malgré mon désir trop naturel d'être mieux doué et plus agissant que tous, je ne suis que ce que je suis. Je ne sais pas ce que je suis. Comment le savoir? Je change si souvent !

» Je ne veux savoir que ce que vous m'avez dit de savoir : JÉSUS m'aime et je l'aime. Je renonce à me connaître jamais ; je veux être toujours le dernier en tout. Tant que JÉSUS m'aimera et que je l'aimerai, plus je serai humilié et souffrant, mieux ce sera. »

Nous venons de voir quelque chose de ce qu'on appellerait bien la lutte intime pour l'humilité. Le F. Besnardeau connaissait donc, au moins à l'état d'épreuve, les imperfections que l'amour-propre essaye sans relâche de jeter dans la perfection même : ardeurs impatientes, inquiétude naturelle de voir, de se rendre compte, de lire au fond de soi, émulation outrée que les échecs réels ou imaginaires tourneraient vite en dépit, obsessions de la complaisance intime ou assauts du découragement. On ne naît pas humble, mais on le devient avec l'aide de la grâce et à la pointe de l'épée. Ainsi l'était-il devenu.

Il pouvait souffrir quelquefois de ne pas voir assez clair dans son intérieur ; mais il avait, de fait, la juste et courageuse vue de soi où l'humilité se fonde. Au reste s'avouer, au besoin, qu'on est à soi-même une énigme, n'est-ce pas commencer de se connaître, et le tout de cette connaissance n'est-il pas de se tenir pour un néant devant DIEU ? Le F. Besnardeau ne s'estimait pas autre chose. « De moi, je ne suis rien, de la boue. — Mon esprit : ténèbres, si DIEU ne m'avait tout donné. — Ma volonté : faiblesse, si DIEU ne me poussait. Mes instincts me porteraient aux plaisirs bas. Parmi les choses que je possède, il n'y en a qu'une qui soit belle : mon âme, mon âme que je dois sauver. Et sans la grâce de DIEU qu'en ferai-je ? Une âme damnée. Je ne puis donc rien comme je ne suis rien, absolument rien. — O JÉSUS, venez combler ce néant ! »

Il disait encore : « J'ai bien vu depuis longtemps que je suis un peureux. Au moins maintenant, quand j'aurai fait quelque chose de bien, je saurai qui l'a fait. »

Il écrivait pendant sa dernière retraite : « Je suis devant DIEU comme l'enfant devant sa mère. Il peut faire quelques pas, mais soutenu. Ainsi puis-je vouloir plus ou moins parfait, mais soutenu ; mais de plus recevant à chaque instant la vie et les forces que l'instant emporte pour laisser place à un nouveau secours de force et de vie. » Il est à remarquer d'ailleurs que cette vue nette et résolue de son impuissance ne lui ôtait pas le juste sentiment de son action personnelle, de sa libre coopération à la grâce: humilité de bon aloi parce que le bon sens en était et que, selon la forte parole de Bourdaloue, le bon sens doit être de tout. Méditant sur sa vocation, le Frère vient d'admirer la grandeur surnaturelle des œuvres où elle l'engage ; il se demande alors : « Moi qui fais tout cela, qui suis-je, que serais-je sans l'appel de JÉSUS ? »

« Je suis tout entier sous la dépendance de DIEU, des dons de DIEU, je suis mû et soutenu par DIEU. »

« Rien qui m'obéisse, à moi, que ce petit mouvement de mon libre arbitre par lequel je dis oui ou non.»

Il rappelle ici ses péchés, ses mauvais instincts, ses faiblesses. « Et après tout cela, poursuit-il, JÉSUS accepte comme gage de mon amour le *oui* que j'ai prononcé ce matin, le *oui* que j'ai dit à une proposition qui n'a rien que de doux pour moi, car l'amour adoucit tout. Et en échange de cet acquiescement JÉSUS me place près de lui, dans sa Compagnie, *cum principibus populi sui*, c'est à la lettre ; *de stercore erectus sum.*

» L'accomplissement de ce *oui*, de qui dépend-il ? De moi sans doute, mais de DIEU surtout. Ce que je fais, moi, c'est de le dire avec confiance ;..... ce que je fais, c'est de me prêter à la volonté de DIEU sur moi, c'est de me laisser faire. Comme JÉSUS demande peu de moi!

» Mais ce peu, si petit qu'il soit, ce doit être cependant quelque chose. Oui, c'est tout ce que j'ai.

» J'y tiens naturellement, et ce *oui* m'aurait coûté autrefois. Mais JÉSUS m'a adouci le sacrifice, et ce *oui*, je puis l'orner, l'embellir, le fortifier de toute ma pleine liberté, de mon acquiescement complet, de mon intelligence claire de la vérité, de tout l'amour que j'ai conçu pour la beauté, pour la vérité souveraine. »

Quand l'esprit est si bien établi dans le vrai, il reste que la volonté accepte la lumière et s'y conforme. Le F. Besnardeau était conséquent avec lui-même et son humilité passait des régions de la pensée à celles du sentiment pratique.

Elle tournait en confusion par moments : « Les consolations me font honte, tout en m'inspirant de la reconnaissance. » Et il disait à Notre-Seigneur : « Je me résigne à ce que vous me consoliez. »

Elle se faisait suppliante. « Ayez pitié de moi ! » Ce cri poussé vers DIEU servait au Frère à toutes fins, comme on le raconte aussi du P. Roothaan aux derniers temps de sa vie. Elle était craintive dans une certaine mesure ; elle regardait l'avenir et non sans l'appréhender. « Comme un Religieux doit trembler s'il se relâche ! Oui, un bon Religieux, s'il se néglige sciemment, a l'enfer à craindre, car alors, comme le dit si souvent et avec un ton si pénétrant, le P. X... Je ne réponds plus de rien. L'homme s'est mis hors de la région des promesses : celle de la miséricorde est chanceuse, dirait-on, au moins pleine de mystère.

« Et plus tard, quand j'aurai vu le collège, le confessionnal, le parloir des résidences, peut-être saurai-je mieux encore quelle pente rapide entraîne l'homme au mal. »

« Avant d'avoir eu le temps de penser à se protéger, l'homme a succombé dans des occasions dangereuses, inévitables presque. Tandis qu'il propose, le monde le tue. A peine a-t-il le temps de se recueillir avant l'enfer. »

« Voilà qui me serrera bien le cœur plus tard ; voilà la grande peine pour qui s'attache au vrai des choses.

» Mon DIEU, je ne puis m'en consoler qu'en vous regardant. Vous êtes DIEU : donc votre œuvre est bonne.

» Pour moi, que deviendrai-je ? Oh ! pitié JÉSUS, pour tout moi-même ! Tout entier je suis pauvre et, par ma faute, mauvais ; j'ai péché.., O cœur de JÉSUS, je m'abandonne à vous pour le temps et pour l'éternité. »

Tout finissait donc à la confiance, et la confiance n'est-elle pas le corrélatif nécessaire ou, si l'on veut l'entendre ainsi, la dernière forme et le couronnement de l'humilité ? Le F. Besnardeau ne s'arrêtait pas dans la vue de sa faiblesse, il n'oubliait pas

d'envisager du même regard Celui qui, en le forti-
fiant, lui rendait tout possible. « Quelle offrande
est-ce donc vous faire, mon JÉSUS, pour que je sois
heureux et me sente satisfait d'agir ainsi ? Un cœur
qui a peu souffert, peu lutté, vaincu moins encore ;
un cœur toujours heureux, qui n'a goûté de votre
amour que la paix et le calme, non les combats.
Comment peut-il savoir s'il aime, s'il ne s'est pas
encore sacrifié ? Mais ce doute disparaît quand je
considère le Cœur puissant et divin, à qui je me
donne. JÉSUS qui me demande mon cœur saura
bien le garder. » (1)

Et sa confiance trouvait parfois des accents d'une
élévation magnifique, car je n'exagère pas de qua-
lifier ainsi ce qu'on va lire.

« Mon DIEU ! mon DIEU ! quand me ferez-vous
connaître la richesse de vos bienfaits ?... Rendre !
Que ce soit une soif de ma vie, un instinct de mon
cœur. Je sens votre grâce me combler de biens ; je
croule sous leur nombre infini. Quand donc, avec
votre grâce toujours continuée, et avec des dons
généreux de ma part à moi, quand donc aurai-je pu
me dire quitte ? O JÉSUS, ambassadeur de DIEU
vers moi, souffrez que je vous dise en ce moment,
sans amertume, sans découragement, avec un aban-

---

(1) Si l'on avait quelque peine à concilier ces parol s avec ce que
j'ai dit des combats intérieurs du Frère, il faudrait prendre garde
qu'elles furent écrites avant la fin de son Noviciat. (1881)

don illimité en vous : Allez dire à votre Père que je lui promets de tout lui rendre par l'immolation de ma volonté à la sienne... C'est à nous deux maintenant : vous, soutenant toujours ; moi, honteux de mes fautes passées mais avec confiance ; vous, faisant la plus grande partie ; moi, donnant mon humble assentiment pour toute offrande ; nous irons ensemble et nous ferons assez pour pouvoir rendre quelque chose à DIEU. »

On entend dès lors pourquoi la conscience de son néant propre n'arrêtait jamais l'essor de l'âme. Elle se savait impuissante, mais, grâce au souvenir de JÉSUS, cette justice qu'elle se rendait à elle-même ne tournait jamais en pusillanimité : « Une idée voulait me troubler sans y réussir. Comment oser demander de souffrir, moi qui, chaque jour, tombe dans de petites lâchetés, moi qui perds du temps dans l'irrésolution ? Comment demander la Croix, moi si esclave de mon attrait ? — Je me suis dit : En avant ! si je n'y gagne rien de fait, au moins demander est un acte de générosité de plus. »

Encore est-ce trop peu de n'abattre pas les âmes vraiment humbles ; leur faiblesse profondément sentie leur devient un nouveau motif de confiance et, par là même, de courage, d'élan. Le Frère étant encore Novice, un moment vint où, à propos des lois militaires toujours plus menaçantes, on crut sage de lui faire entrevoir une redoutable épreuve, l'éloi-

gnement possible du Noviciat et une sorte de sus-
pension temporaire de sa vocation. Et comme on
semblait craindre qu'il ne sût pas garder dans la
vie de caserne les habitudes et le cœur d'un Religieux, il motivait ainsi l'espérance du contraire.
« Je me suis habitué à considérer dans mes œuvres
deux parts, la mienne et celle de la grâce de Notre-
Seigneur. De mon côté, je ne mets rien, sinon
péché, corruption ; du côté de la grâce, je mets les
plus belles, les plus grandes choses. Je me suis con-
vaincu de cette parole : *Omnia possum in eo qui me
confortat.* Eh bien ! mon Père, une pensée qui me
fait de la peine, c'est que Notre-Seigneur me laisse-
rait à moi tout seul et que je l'abandonnerais après
l'avoir aimé comme je l'aime. Oh ! non, jamais, ce
n'est pas possible. Si j'étais loin du Noviciat, je res-
terais novice d'esprit et de cœur, jésuite en réalité.
Sur quel gage est-ce que je vous jure cela, mon
Père ? Sur l'élan que j'ai acquis pour la vertu ? sur
sur une certaine vigueur surnaturelle ? Oh ! non ; je
vois mon néant, j'ai besoin de le voir ; j'ai besoin de
sentir que je ne coopère pas à toutes les grâces que
je reçois, que je suis mou, lâche, misérable. Non, si
je vous le jure, c'est sur la grâce de JÉSUS-CHRIST et
sur elle seule. J'aime trop Notre-Seigneur pour pouvoir en douter, et faire autrement lui serait une
injure. Que voulez-vous faire, mon Père, contre cette
persuasion que j'ai ? En me mettant hors de la com-

munauté, loin de tout secours, vous changez de place un même rien, une même faiblesse qu'auparavant, mais en lui laissant espérer une grâce plus abondante.

» Mon Révérend Père, j'aime JÉSUS tout seul et de toutes mes forces : voilà mon dernier mot. Ne me dites plus que, si j'étais ici ou là, j'oublierais tout pour ne plus me souvenir de Lui. Ou mieux encore, mon Père, ayez pitié de moi, pardonnez-moi et bénissez-moi. »

C'est bien le cri de l'humilité confiante. Mais ce n'est qu'un cri, pensera-t-on peut-être, et l'on se demandera si de la pensée et du sentiment l'humilité passait aux actes. Oui, grâce à DIEU, et en voici la preuve suffisante. Pour une âme aussi ardente à la perfection, la plus subtile tentation de l'amour-propre est sans doute l'irritation après une faute commise et cette indignation aigre contre soi-même qui fait proprement le dépit. Ambitieux comme il l'était, le Frère y eût prêté plus qu'un autre. Voyons-le donc aux prises avec l'ennemi ; c'est la lutte qui va reparaître, mais pour nous mettre aux yeux le vrai triomphe de l'humilité.

« Peut-être bien que toutes mes souffrances se borneront à la peine que me fait la vue de ma faiblesse. Comme le démon est habile! Le moment venu, il m'aveugle, il m'entraîne, et après, il me faut, pour me remettre, toute la soirée y compris un chemin de Croix, plusieurs visites au Saint-Sacrement, la discipline et beaucoup de sacrifices. Le fait est que cela me froisse d'une façon incroyable. »

Il tombait donc, comme le juste tombe sept fois le jour; mais veut-on se faire une idée de ses chutes? Novice, il lui arrive un jour de manquer au silence, et il en pleure pendant son examen. Mais il se reprend de cette émotion trop vive. « Non, écrit-il, pleurer c'est de la faiblesse, du découragement. Quoi d'étonnant que je sois tombé? Voilà, ô JÉSUS, les fleurs de mon jardin. » Puis, sans retard, il cherche comment réparer, comment consoler, dit-il, le cœur de JÉSUS. « Des âmes ! des âmes ! Je lui donnerai des âmes ; » et il offre pour cette fin toutes ses actions subséquentes. Le lendemain, il y revient encore par écrit. « Hier, j'ai souffert un peu pour l'amour de mon JÉSUS. Un petit manquement au silence m'a semblé un péché véniel. Est-ce vrai ou non ? Je n'en sais rien encore. Mais un péché véniel m'a paru chose si épouvantable que j'en ai été tout bouleversé. Sorte de contrition d'amour-propre, honte d'avoir fait de la peine à JÉSUS, découragement, peur de perdre les grâces préparées, peur de ne pouvoir plus mériter pour les âmes. Je me suis enfin rattaché à cette pensée, qu'en demandant à JÉSUS des âmes et en les lui demandant fièrement comme si j'avais conscience d'une dignité et d'une force qui me seraient données d'ailleurs, en faisant cela et en oubliant tout, je réparerais suffisamment. Je l'ai fait et le calme est venu. Pourquoi faut-il, mon JÉSUS, me disais-je le soir pendant mon examen en pleurant à chaudes larmes, pourquoi faut-il être exposé à vous offenser ? — Pour m'humilier, pour me faire souffrir. Car j'ai souffert et j'ai été profondément humilié. Soyez éternellement béni, JÉSUS, mon DIEU, de tout ce qui m'arrive. »

Pleurer pour un manquement au silence ! Trouvera-t-on là une délicatesse excessive, une sensibilité trop enfantine ? Peut-être les Saints en jugeraient-ils autrement. Du moins ce qui est bien de l'homme, de l'homme surnaturel, c'est la souple énergie qui relève l'âme par la confiance et le sacrifice. Encore quelques expériences de ce genre, et elle va s'aguerrir. Le F. Besnardeau y compte bien et il s'y prépare. « Tomber ! Cela m'humilie, me blesse, me fait une peine profonde. — Eh bien ! non Les orgueilleux seuls s'en étonnent. — Moi, je veux aller à JÉSUS et lui dire : Vous me connaissez bien ; c'est tout naturel. Je vous abandonne tout et me relève. » Il se relève en effet, non pas avec brusquerie et violence, comme, sans doute, les soldats relevaient Notre-Seigneur sur le chemin du Calvaire, mais avec une énergie toute suave. « Je me souris à moi-même et me dis ceci : Bon ! tu es tombé ; tu vois bien que tu ne vaux rien. Allons ! relève-toi ; ce n'est pas si difficile, mais relève-toi tout de suite, je te le dis, tout de suite. Tu as toutes sortes de motifs pour être content de toi et du Bon Dieu. Sois joyeux, je le veux ; en avant marche ! »

Il marcha si bien que, sur la fin de sa vie, il pouvait faire à un Frère cette confidence : « Notre-Seigneur m'a accordé la grâce de n'être jamais triste, même après une faute. Et pourtant, quand il m'arrive d'en commettre une, j'en suis profondément humilié. » Le voilà donc au point de la sagesse parfaite, de la maturité, de la vérité plénière, n'ayant rien perdu de sa délicate conscience, mais vainqueur des dépits et des tristesses et dans ses défaillances mêmes trouvant le beau fruit d'humilité. A propos de son rôle parmi nous, je rappelais ailleurs l'enfant que Notre Seigneur plaça un jour au milieu de ses Apôtres pour leur servir de modèle, et le Maître disant: « Celui qui s'humiliera comme cet enfant, celui-là est plus grand dans le royaume des cieux » (1). Le F. Besnardeau semble avoir quelque droit à la gloire de cet éloge. Ceux qui l'ont connu de près sont-ils téméraires de penser qu'il était haut dans l'estime de Dieu, cet enfant si attentif à se garder pur, si ardent à se rendre parfait, si industrieux à profiter de tout et de ses faiblesses mêmes ? Enfant et homme tout ensemble; car si l'humilité est le commun fruit des deux maturités de l'esprit et du

---

(1) Quicumque ergo humiliaverit se sicut parvulus iste, hic est major in regno cœlorum. (Matt., XVIII, 4.)

cœur, elle est bien aussi la plus aimable fleur de
l'enfance et, à vrai dire, c'est en elle que se résout
le problème, que s'opère le miracle d'unir le fruit
à la fleur, la sagesse courageuse à la simplicité, la
force virile de l'âme à sa jeunesse charmante.

V

ET cependant l'humilité n'est pas, ce semble,
le dernier mot qui explique la vie spirituelle du Frère. Non pas même cet abandon absolu à
DIEU où se trouve peut-être la forme la plus haute
de l'humilité pratique. Nous le savons déjà, en 1882,
après trois ans seulement de Religion, il en avait fait
son programme de sainteté. Deux ans plus tard, il
s'y confirmait avec une intelligence plus pénétrante
et une abdication de soi plus universelle s'il était
possible. Quelques mois avant de mourir, il disait
encore au R. P. Provincial : « Mon élection — celle
qui le vouait à cet entier abandon, — mon élection
est toute ma vie, et certes j'ai un grand et profond
désir d'y devenir parfait. » Mais comment réaliser
ce grand et profond désir ? Le Frère le dit d'un
mot : « Pour arriver à l'abandon, n'y pas penser, mais
penser à Celui à qui je m'abandonne. » Mot simple
et fécond ! Ne pas regarder au sacrifice, à peine se
regarder soi-même, regarder par-dessus tout Jésus ;

à ce compte on l'aimera, et quand on aime on peut tout sacrifier et tout faire.

Et voilà d'où sortait la vertu d'abandon comme toutes les autres ; voilà bien de quoi expliquer toute cette âme. DIEU, qui lui avait donné une rare puissance d'aimer, daigna en être jaloux pour lui-même et la réclama tout entière. L'âme ne disputa point, elle entra loyalement dans l'intention divine, elle aima et tout vint à la suite. Peut-être molle par nature, elle devint haute et forte, sans rien perdre de sa candeur ; naïve toujours et par certains côtés enfantine, elle mûrit vite et de la plus saine maturité. Progrès, vertus, charité pour autrui, contrastes aimables ou, si l'on veut, admirable rencontre de qualités qui sembleraient faites pour s'exclure, tout cela fut l'œuvre, le chef-d'œuvre de l'amour. Ce trait achève la physionomie surnaturelle du F. Besnardeau.

Enfant, artiste, cœur passionné, la grâce devait le prendre par toutes ces dispositions natives, mais, en les avivant, elle les purifia et les régla. Ses affections surnaturelles furent ardentes, mais réfléchies et ordonnées : c'est l'honneur de son sens droit et pratique. Suivons-les de degrés en degrés jusqu'à celle qui anime et domine toutes les autres, jusqu'à la passion véritable qui lui fut donnée pour la personne adorable de JÉSUS-CHRIST.

Il aimait la Compagnie sa mère, mais d'une prédilection modeste, éclairée, active surtout et militante. Écoutons-en l'accent vrai. « Je porte le nom d'un grand ancêtre. — Comment vous appelez-vous donc ? — Je m'appelle *de Jésus*, je suis jésuite. — Oh ! le nom divin ! — Et qui êtes-vous au fond ? — Je suis un religieux tiède. — Ah ! vraiment ! Si je portais un nom comme le vôtre, j'aurais grand honte pour l'honneur de la famille. — Et que faites-vous ? — Je lutte péniblement contre ma nature mauvaise, je lui fais bien des concessions. — Quand je vous dis que j'aurais grand honte à votre place ! Je m'en irais ou je changerais. — Eh bien ! je changerai. »

Il aimait l'Église, et cet amour, qui est dans le jésuite un signe de race, présentait chez lui deux caractères bien marqués. C'était, pour l'avenir, une aspiration généreuse à servir, à combattre, à se dépenser dans la milice de DIEU sur terre ; — c'était, dès le présent, une union parfaite à l'esprit de l'Église et à ses intentions.

Pendant sa troisième année de Juvénat, étudiant l'histoire de la littérature contemporaine, il se prit d'admiration pour le beau rôle de Montalembert avant 1850. Admiration chaleureuse, comme il sied à vingt ans — et pourquoi pas à tout âge ? — mais admiration pratique, allant par l'émulation au travail. Et comme l'étude en question coïncidait avec certaines difficultés personnelles, fort exagérées du reste par la vive sensibilité du Frère, il s'épanchait ainsi dans une lettre à son Supérieur, lettre où on le retrouvera tout entier, mais d'où se détache surtout l'amour ardent et lumineux pour la Sainte Église de Jésus-Christ.

« Il faut que vous sachiez les désirs qui me tourmentent. J'ai pleuré deux fois ces jours-ci de l'impuissance où je suis de les réaliser. Je sens, je vois qu'il y a sur la terre quelque chose de grand, d'important, de magnifique, de nécessaire ; l'œuvre de Jésus, le bien des âmes, l'extension, la défense de l'Église. Je veux et — il n'y a pas à dire — je pourrai faire quelque chose pour cela.

» Mes premières larmes ont été pour un devoir manqué. Passons. — Les secondes, ce matin, me sont arrachées par l'histoire de Montalembert dans sa première lutte pour l'Église. C'est beau cela ; c'est vivant. Je vois là un jeune homme plein de cœur, plein de foi, ayant du savoir, beaucoup de notions de toutes sortes et entrant en lice franchement, vigoureusement, sachant sans doute qu'il a des défauts, qu'ils déteindront sur son œuvre, mais allant de l'avant, sûr que Dieu aide ceux qui comptent puissamment sur lui. Eh bien ! cela me tente, cela me remue, cela met dans mon cœur d'ardentes prières. Oh ! mon Jésus, vous, le Jésus-Christ de l'Église ma mère, donnez-moi le feu sacré, la foi impétueuse, l'élan véritable qui enfonce l'obstacle, la sève, la fièvre sainte, la vie, que sais-je ? Je m'épuise à vous nommer ce que je veux....

» Il faut sur la terre des hommes d'élan, des hommes qui s'oublient, qui s'exposent comme s'ils étaient insensibles et qui souffrent pourtant comme des martyrs, mais avec bonheur, des hommes dont la vie soit tout mouvement, chaleur et flamme. Pourquoi pas moi ? Pourquoi pas moi ? Mais fût-il vrai que je puisse être tel, je n'ose pas me donner tout entier à cet espoir. Mes désirs s'enflamment un moment, puis tombent. Pourtant, ô JÉSUS de l'Église, il vous faut des hommes, et, si vous le voulez, j'en serai. »

On se méprendrait de ne voir là qu'un mouvement d'exaltation juvénile. Il y a de l'ardeur, et où est le mal ? Mais elle ne s'égare point dans le vide. Écoutons plutôt :

« Ce qu'il y a de pratique pour moi à cette heure, c'est de travailler *ferme*, le cœur haut, sûr, — avec la grâce de DIEU que je forcerai, que j'emporterai d'assaut, — de devenir un prédicateur et un écrivain assez bon pour augmenter et glorifier l'Église. Je le veux, car je sens que je puis quelque chose, que j'ai, comme on dit, quelque chose là.

» Quand je pense à l'Église, au corps de JÉSUS-CHRIST, je me sens élevé en haut, soutenu en haut, fier, agressif ; je veux lutter, écrire, prêcher. Sans doute, je suis faible d'une faiblesse désolante ; non que je pèche beaucoup, mais parce que je suis peu persévérant dans le très bien...

» Mais je ne sais pourquoi je désire ne pas même prendre le temps de faire un acte de contrition de tout cela, ni un acte d'humilité devant DIEU, mais plutôt aller, aller toujours, comme un soldat blessé qui ne panse pas ses blessures. Je veux ainsi atteindre à cette foi, à cette charité aveugle qui espère tout, croit tout et endure tout par amour du but proposé...

» Quand on veut, on peut tout ; or, je veux, je ne dis pas dans l'espoir de la grâce de DIEU, mais parce que je suis sûr de la grâce de DIEU. *Impossibilia non jubet.* Or, je considère comme un ordre ces désirs qu'il me donne de faire beaucoup. »

Oui, DIEU voulait ces désirs et il en acceptait l'hommage, bien qu'il eût résolu de ne point les pousser jusqu'à l'effet. Du moins, à défaut d'un serviteur ou d'un soldat, cette Église tant aimée devait-elle trouver dans le F. Besnardeau un disciple singulièrement fidèle, un vrai fils, un cœur à l'unisson du sien.

Il goûtait vivement la Liturgie ; sa dévotion y gagnait en solidité, en lumière. Une fête était bien pour lui ce que veut l'Église, une halte sainte où l'âme reprend son élan. Des études appropriées, des pratiques spéciales, quelquefois des neuvaines, le préparaient à ces petites joies célestes de la terre,

ainsi qu'il les appelait Puis après s'y être ainsi disposé d'esprit et de cœur, il en jouissait, mais surtout
il en profitait, autant que possible, en se pénétrant du
sentiment propre à chacune avec une souplesse d'âme
qui émerveillait ses confidents. A Noël, sa fête chérie
entre toutes, son bonheur était de se faire pleinement enfant avec l'Enfant JÉSUS, « ce béni petit
frère.» Quand venait la Semaine Sainte, il suivait, il
reflétait fidèlement dans son cœur toutes les phases
du grand mystère ; joyeux lui-même aux jours de
joie, comme le dimanche des Rameaux ou le
Jeudi Saint ; triste aux jours de deuil, d'une vraie
tristesse de compassion, sans effort, sans affectation
aucune, mais qui, de son propre aveu, envahissait
tout son être et déterminait tous ses actes. Active
toujours, sa compassion se tenait parfois silencieuse
et absorbée dans la contemplation des douleurs de
JÉSUS : « Voulez-vous, écrivait-il, une *façon* de compatir qui assurément plaît à Notre-Seigneur ? C'est
de *se taire*, dans l'impuissance de faire dignement
tout ce que de telles circonstances demandent. —
Mon JÉSUS, vous attendez de moi de la consolation.
Je suis si faible ! *Je me tais* et je vous regarde.» En
fin de compte, les douleurs du Crucifié poussaient
toujours l'âme au sacrifice. « Je me disais l'autre
jour : Que tu sois malheureux, malade, mécontent
de toi, des autres, de DIEU lui-même ; que tu ne
veuilles plus même penser ni à DIEU ni à Marie ni

aux Saints, marche quand même ; je te le dis, je veux que tu marches. *Mecum* !.. Mon JÉSUS mort en croix et désespéré !... » D'ailleurs, il ne permettait à rien de le distraire de ces grands objets. « Je ne vous ai pas écrit, hier, Vendredi Saint, bien que j'en eusse le désir. C'est que j'étais en tristesse, en vraie tristesse ; et comment n'y être pas en pareil jour ? J'écris aujourd'hui plus à l'aise. C'est l'heure de se réjouir devant la grande gloire et la grande allégresse de Notre-Seigneur. Pour tout dire, je garde au fond de l'âme un coin qui n'est pas encore livré complètement à la joie ; car, bien que l'Alleluia soit chanté, la Sainte Vierge est encore sous la croix, pleurant et attendant consolation. Je vous confie mes sentiments, afin que vous puissiez juger dans quelle disposition je vous écris. »

Comme il s'unissait, comme il s'ajustait tout entier, pour ainsi dire, à chaque mystère, il y rapportait pour le mieux concevoir, toutes ses pensées, toutes ses connaissances. « Bonne fête ! écrivait-il encore une veille d'Immaculée-Conception. Priez pour la comprendre, car elle est belle, et pour la goûter quelque peu, car elle est suave. Ce n'est fête que pour ceux qui aiment, car tout y va purement à glorifier leur Mère tant aimée. Elle est toute belle ! Me trompé-je ? Le peu que je sais de philosophie me semble bon à mieux entendre combien est belle une créature sans défaut. »

Après ces quelques citations, on ne s'étonnera pas qu'un témoin ait pu écrire du F. Besnardeau : «C'est l'image la plus frappante qu'il m'ait jamais été donné de contempler de la vie de l'Église dans une âme. »

Enfin quand la fête avait passé, il s'ingéniait à en prolonger la jouissance, mais toujours avec son sens droit et lumineux. Il disait : « Les événements qui constituent la matière des fêtes de l'Église ne sont point passagers, momentanés, mais durables. Le lendemain de la solennité et les jours qui suivent, ils n'ont pas une beauté moins grande ni des conséquences moins efficaces aux yeux de DIEU, de ma foi par conséquent. D'une fête à son lendemain, il n'y a de différence que l'appareil extérieur. Je puis donc dans mon cœur continuer de la méditer et de la goûter. »

Mais ce n'est pas tout ; il avait un autre secret pour perpétuer ces joies intimes ; il va nous le dire en termes saisissants :

« Le matin en me levant, j'interroge la journée qui commence. Y a-t-il quelque fête aujourd'hui ?... Eh bien ! les fêtes arrivent quelquefois et passent ; le jour d'après, j'en demande encore. Où donc trouver ce bonheur que je veux palpable ? En JÉSUS, dans l'intimité avec JÉSUS, dans le Cœur de JÉSUS.

» C'est l'amour de JÉSUS, c'est l'épanchement de

nos deux cœurs qui doit être ma perpétuelle fête. Mon JÉSUS, aimons-nous.

» Quand vient le démon de midi qui rend mon cœur tout inquiet ; JÉSUS, venez ! Le seul contentement sur lequel je veuille compter est le mouvement de mon cœur vers le vôtre et du vôtre vers le mien. JÉSUS, je vous aime parce que vous êtes JÉSUS. Frère bien-aimé et Maître vénéré, votre amour est le dernier mot de ma vie. Faites-moi un cœur toujours dilaté, qui n'ait pas peur de la joie ; je ne puis vivre sans la joie, sans la joie extrême. Aimons-nous donc, JÉSUS, mon frère. Je veux que votre amour soit ma seule fête et le motif de toutes les autres. Donc aux jours roturiers comme aux grands jours, j'ai une grande fête à célébrer : notre amour immortel. »

Si ce dernier mot était signé d'un nom illustre, de saint François de Sales ou de Bossuet par exemple, qui ne l'estimerait admirable ? Après tout, vaut-il moins pour être tombé de la plume d'un enfant ?

Cet enfant a beaucoup aimé. Voilà qui l'inspirait parfois jusqu'à l'éloquence ; mais surtout voilà qui lui donnait la sagesse précoce, le courage, toutes les formes de la maturité surnaturelle.

Il a aimé JÉSUS et tout ce qui tient à JÉSUS, la Compagnie, l'Église, les Saints encore. Il s'était fait une méthode à lui pour soutenir et animer la récitation quotidienne de leurs litanies. Il voyait alors le Ciel ouvert sur sa tête ; puis, outre une intention générale toujours déterminée, il demandait une faveur spéciale par l'intercession de chaque groupe de Bienheureux. Quant aux Anges, il goûtait en artiste et en élu tout ce qu'il y a de fort et de suave dans leur culte. « Ce mois-ci, écrivait-il en octobre 1881, les saints Anges gardiens m'appellent à les aimer davantage. Je les ai vus ainsi : êtres brillants, vivants, remplissant de leur présence toute l'atmosphère d'amour, de charité, de joie, qui m'environne ; penchés sur toutes les fleurs qui sont les âmes de mes frères, pour y verser l'amour ou l'y recueillir ; attendant un signe de mon cœur pour faire visite à ceux dont je regrette l'absence ou que je veux consoler. Beaux et saints Anges, merci ! Que je vous aime et vous voie toujours de la sorte ! Je me souviendrai de vous en promenade, en conversation, aux prières communes ; en récitant les litanies, je vous ferai prier avec moi et à mes intentions. » — « Que le blâme du bon Ange est doux ! disait-il encore. Voilà celui qu'il faut écouter. » Et dans une prière composée exprès, il l'avait institué patron de ses relations avec ses frères.

Ai-je à dire longuement qu'il aimait la Très Sainte Vierge, qu'il s'appropriait de toute la sincérité de son âme le mot de saint Stanislas ? Elle est ma mère. Au Noviciat, quelqu'un l'ayant entendu parler d'elle, l'accusait en riant de la préférer à DIEU même. Le fait est qu'il parlait d'elle avec délices, en

chaire, en récréation, dans sa correspondance. Il
s'était muni d'un choix de pratiques pour l'honorer;
il s'abandonnait à elle comme à Notre-Seigneur
et il conseillait cet abandon aux autres. « O Frère,
le grand trésor et la grande science que de savoir
reposer dans le sein de Marie, quoi que nous pen-
sions de nous-mêmes, et de lui dire : Accueillez-moi
tel que je suis, troublé, négligent, entraîné en bas,
coupable, et faites de moi ce que vous voulez, ô
bonne Mère ! »

Elle fit de lui ce qu'elle voudrait faire de toute
âme, un amant passionné de JÉSUS. S'il avait semblé tout d'abord plus sensiblement touché d'amour
pour la Mère, le Fils divin prit bientôt la première
place dans son affection sentie, il y régna en Maître
et en DIEU sans refroidir aucune des dévotions in-
férieures, mais les reliant toutes dans une unité
souveraine et un ordre parfait. Nous voici arrivés au
sommet de ces belles ascensions d'amour, où nous
avons essayé de le suivre. Quant à lui, il y toucha
vite et dès la fin du Noviciat, cette passion maîtresse
pour la Personne de JÉSUS-CHRIST avait commencé
de l'envahir. Je n'ai, disait-il dès lors, qu'un bien,
qu'un effort, qu'une vertu, qu'une force, qu'un motif : « JÉSUS, JÉSUS toujours, à qui soit mon cœur à
jamais! Amen! » (31 juillet 1881.) Un peu plus tard,
il rendait ainsi compte de ses dévotions : « Je n'en
ai qu'une qui, pour ainsi dire, m'absorbe tout entier:

Notre-Seigneur. » Et cela fut de plus en plus vrai jusqu'à la fin. « Je ne cesserai, avait dit le Frère, de prier et de supplier Notre-Seigneur JÉSUS-CHRIST, pour que mon amour envers lui devienne un instinct, une passion, une seconde nature. » Il fut exaucé largement; l'amour a été le tout de sa vie spirituelle, mais JÉSUS-CHRIST, JÉSUS-CHRIST cherché, atteint de préférence et le plus souvent sans intermédiaire, a été l'objet suprême, le centre ou le terme de cet amour. L'âme s'est mûrie sous le rayonnement direct du Soleil de Justice, et quand elle se détachera comme le fruit qui tombe, le dernier mot que la terre entendra d'elle sera un cri d'amour à JÉSUS.

Au reste, en la saisissant avec cette plénitude de force et d'empire, le divin Maître s'accommodait à sa nature et la prenait pour ainsi dire par son faible. Le Frère lui-même s'en rendait bien compte. A son caractère il fallait une spiritualité qui le mît au large ; à son cœur, une spiritualité « débordante d'amour. » JÉSUS daigna s'offrir lui même à combler ce double besoin.

Il s'empara d'abord de l'esprit du Frère et attira sur sa divine Personne tout ce qu'il trouvait là d'activité, d'ardeur vive. — « Chercher à connaître JÉSUS, c'est pour mon intelligence le plus riche aliment, la plus riche mine à fouiller. Mon intelligence curieuse, qui veut savoir le fin mot de tout, trouve là ample matière ; il s'agit de pénétrer en JÉSUS, de suivre tous ses actes avec l'anxiété que j'éprouve à contempler une scène que je n'ai jamais vue. » Aussi quand le Frère s'entendait convier à faire de JÉSUS le nœud de toutes ses pensées, à grouper toutes les connaissances profanes autour de la religion, et la religion tout entière autour de JÉSUS-CHRIST, vrai centre du divin système, ce programme le faisait tressaillir.

JÉSUS était donc sa première étude et il y revenait avec une insistance réfléchie et résolue. Il écrivait sur la fin : « Depuis un mois, je me sens plus constamment et plus aisément uni à Lui par la pensée. Et comment ? En ne voulant penser qu'à Lui. Souhaitez-vous d'expérimenter la méthode ? Je ne veux donc point penser à un autre objet ; j'oublie toutes les autres fins de la vie spirituelle, afin de rappeler continuellement le souvenir de JÉSUS, autant qu'il m'est possible, autant que le travail me le permet ou la fatigue. » On sait déjà les industries par où il s'assurait de passer avec JÉSUS la journée entière, et ce mot d'ordre *Mecum*, bientôt échangé contre le nom même du Bien-Aimé. Voir JÉSUS dans les choses les plus minimes et pour l'y servir par mille attentions de détail, c'était son effort personnel et le meilleur conseil qu'il sût donner. « Attachez-vous à ne rien négliger, à ne rien omettre des occasions qui peuvent servir à témoigner, si peu que ce soit, votre amour envers le Seigneur. Elles sont nombreuses, les occasions de ces témoignages légers mais précieux, que j'aime souverainement comme signes d'une âme toujours attentive à son Bien-Aimé, comme signes de la possession divine, si j'ose le dire. »

Mot profond et charmant, d'ailleurs bien réalisé dans sa vie. Oui vraiment, il était possédé de JÉSUS, et il s'efforçait toujours de se livrer de plus en plus à cet empire envahissant du Maître. Non content de chercher son JÉSUS en toute personne et en toute chose, de le rappeler assidûment dans ses conversations et dans ses lettres, il le mettait dans toutes ses joies. « C'est un besoin du cœur de Lui retourner, aux jours de fête, toute l'affection qu'on reçoit de ses frères et de ne goûter toutes ces douceurs qu'en Lui. » Mais alors sa reconnaissance était noblement ingénieuse et, pour mieux goûter les joies, il évoquait en regard les souffrances qu'elles avaient coûtées à JÉSUS. De même faisait-il de ce souvenir un baume à ses propres peines, ou mieux encore, il faisait de ses peines une précieuse occasion de témoigner son amour. « Quand nous sommes dans la joie spirituelle, c'est Notre-Seigneur qui nous aime, et quand nous souffrons, c'est une preuve d'amour que nous avons à lui donner. Songez-y donc! Prouver à JÉSUS qu'on l'aime ! N'y a-t-il pas là de quoi rendre tolérables les petites souffrances ? »

Le F. Besnardeau disait encore. « Quelle plénitude de joie c'est de l'aimer ! Comme il fait bon, quand on cherche dans son cœur, de n'y trouver que Lui, et après Lui, toutes les autres affections en ordre, en harmonie parfaite avec la sienne ! » Voilà ce qu'il trouvait dans le sien et je n'ai pas à le redire. Toute créature était aimée pour JÉSUS et JÉSUS pour lui-même, et le Frère jouissait de le lui protester dans cette forme simple et profonde : « Je vous aime, parce que vous êtes JÉSUS. »

Or, l'amour humble et pur s'élève à des désirs passionnés et à des familiarités qui pourraient sembler audacieuses. Le Frère brûlait d'aimer davan-tage, de pouvoir plus, pour mieux satisfaire son ardeur. « O mon JÉSUS bien-aimé, amour unique de mon âme, qu'il est douloureux pour moi, qui vous aime tant, qui veux vous aimer plus encore, de me dire : Je ne puis pas faire ce que je veux ; je ne puis pas me crucifier, me creuser la chair jusqu'aux os, jusqu'au cœur !..... JÉSUS, vous me changerez ; cela ne peut pas rester ainsi. Pourquoi me donnez-vous de tels désirs si je ne puis les satisfaire ? » Il appe-lait donc à grands cris la souffrance, le martyre même ; il appelait surtout l'heure où JÉSUS lui apparaîtrait face à face. « Mes sens ont faim et soif d'un aliment qui les rassasie. Je désire voir l'huma-nité sainte de Notre-Seigneur. O JÉSUS, fortifiez ce désir, pour qu'il en contre-balance d'autres moins légitimes. » C'était l'espérance de voir JÉSUS qui lui donnait le courage. « Oh ! oui ; car si je ne le vois pas, où vont tant de jouissances du cœur dont je me prive pour son amour ? Où vont les humiliations, les souffrances ? » Et dans un transport de passion sainte, il écrivait encore : « O mon amour, Jésus, qu'avais-je donc dans le cœur aujourd'hui, que je ne pouvais pas exprimer ? J'ai besoin de pleurer, d'aimer ardemment, de jouir encore une fois de notre amour d'union. O Jésus ! aussi vrai que je vous aime, je vous abandonne ce besoin, ce désir inassouvi ; mais c'est uniquement pour votre gloire.... Oh ! l'éternité ! Oh ! le bonheur du ciel ! Oh ! Vous, Vous ! amour unique de toutes les saintes âmes et joie de votre Père, vous dont la volonté est le dernier mot de tout être et la règle de toute liberté, vous avoir !.. ... Souvenez-vous, ô Jésus glorieux et triomphant que, pendant les jours de mon passage ici-bas, je vous ai désiré. »

En attendant l'union éternelle, avec cette candeur hardie que nous lui connaissons de longue date, le Frère concevait l'amour du divin Maître sous la forme la plus intime et la plus tendre. Après les Saints, selon le langage de l'Écriture, il ne craignait pas d'aspirer au baiser de la bouche ; humblement, mais sans embarras ni fausse honte, il voyait en Jésus l'époux de son âme et se délectait à l'envisager ainsi. « Qu'est-il pour moi, et quel est le mot par lequel je le nommerais si, ne sachant pas son nom, je connaissais cependant ses rapports avec moi? Quelle est la forme commune de toutes ses manifestations ? C'est la forme d'époux ; son nom est l'*Époux: Ecce sponsus venit.* Voilà le nom de chacune de ses visites, visite nuptiale. »

Mais toujours sensé, pratique et humble jusque dans les saintes hardiesses de son cœur, il ajoute immédiatement : « O mon Maître bien-aimé, vous me voyez, vous me comprenez. Accordez à cette pauvre âme que vous aimez la permission de goûter, — en restant réservée et humble, — de goûter beaucoup, passionnément, la douceur de ce saint mariage ! Vous m'avez donné autrefois à cette pensée des consolations inconnues. Elles sont encore bien au-dessous des ravissements où devrait se fondre un cœur d'homme, s'il voyait clairement vos condescendances et vos libéralités. Et cependant je vous demande, ô mon JÉSUS, plutôt que de nouvelles consolations, l'accomplissement de votre volonté sur moi. »

VI

QUELLES étaient donc ces consolations inconnues dont il vient d'évoquer le souvenir ? DIEU merci ! la trace nous en reste, la trace enflammée, car on verra si c'est trop dire. Aussi bien n'aurait-on qu'une faible idée des relations du F. Bes-

nardeau avec le divin Maître, si je taisais la grâce la
plus sensible qu'il ait reçue ou même si j'en abré-
geais le récit.

Ce récit, nous l'avons sous deux formes : résumé
dans une ouverture de conscience au R. P. Provincial, mais surtout développé largement au jour le
jour et au courant des impressions.

C'était au milieu de la première année de Juvénat,
pendant la Semaine-Sainte, (avril 1882). Autorisé
à passer en adoration la nuit du jeudi au vendredi
tout entière, le Frère, vaincu par la fatigue, se retira
dès onze heures et ne put, malgré son désir, revenir
au tombeau avant l'heure commune du lever. Incon-
solable de ce qu'il appelait un manque de confiance,
une grossière indélicatesse, il obtint de s'en punir
ou de s'en dédommager par deux chemins de Croix.
Le sentiment de honte avec lequel il les commença
lui semblait impossible à dire ; mais c'était là précisément que Notre-Seigneur l'attendait pour le
combler de caresses. A la fin du second chemin de
Croix, l'âme n'était pas seulement consolée, elle se
sentait envahie d'une passion d'aimer telle qu'elle
n'avait jamais rien senti de semblable. Rentré chez
lui, le Frère prit la plume et sans savoir où la grâce
le menait, il commença d'écrire cette série d'entretiens ardents qui devait se prolonger plus de trois
semaines encore. J'en citerai de larges extraits : les
lecteurs auxquels je m'adresse ne sont pas de ceux

qu'on lasse en leur offrant l'occasion d'entendre longuement l'accent authentique de l'amour.

« Aimer ! Aimer ! Aimer ! Qui me donnera un cœur assez grand pour aimer autant que je le veux ? Aimer DIEU ! DIEU en JÉSUS, JÉSUS dans mes frères, JÉSUS derrière toute la création, JÉSUS partout ! DIEU partout ! Je suis hors de moi en y pensant... Mon JÉSUS, j'ai vite épuisé mon cœur à vous aimer ; j'ai besoin de l'éternité pour cela. J'ai besoin d'un cœur agrandi, d'un corps qui ne soit plus un obstacle ; j'ai besoin de vous, de vous voir comme vous êtes, de m'unir à vous, de ne faire qu'un avec vous, un, bien un, de façon que je sois tout à vous, vous tout à moi, moi tout en vous, vous tout en moi. J'ai besoin de me mêler à votre substance comme l'eau se mêle au vin, comme se mêlent les courants de deux fleuves. Ainsi, mon JÉSUS, veux-je être avec vous.

» Mon cœur n'a point de tressaillement assez tendre, ma voix de parole assez brûlante, mes yeux point de regard assez plein de passion pour vous l'exprimer. Mais vous, vous voyez le fond des cœurs ; vous connaissez ce besoin de DIEU que vous avez mis vous-même au fond de l'âme de vos créatures. Je vous l'offre aujourd'hui, avec le désir d'un amour où je puisse dépenser à l'aveugle toute ma puissance d'aimer.

» Je vous ai vu ce matin m'invitant à l'amour devenu toute ma vie. Je la voyais, cette vie, comme une immense contrée à traverser. Des montagnes, des précipices, des obscurités, des attraits en passant, de la part des choses, de la part des hommes. Ils me tendaient les bras en me disant que la chair peut être heureuse ; mais vous, JÉSUS, invisible encore et pourtant me tenant par la main, vous m'attiriez et me gagniez tout entier. A votre suite, soulevé comme par un vent qui porte, je laissais derrière moi volupté, amour charnel, amour mondain, plaisir, réjouissances ; je volais sur les chemins, je franchissais les forêts, les vallées, les monts ; je poursuivais ma route à votre suite, vous désirant, soupirant après le terme où je vous verrais et vous aurais, où je disposerais de votre Personne sacrée, pour donner enfin à mon âme ce qu'elle demande impérieusement.

» Donc, mon JÉSUS, la chair n'est qu'une image de l'esprit, l'amour de l'homme n'est qu'une dérivation de l'amour de DIEU, la volupté des sens n'est qu'une empreinte légère du bonheur de l'âme. Ah s'il en est ainsi, rassemblez en une gerbe d'amour, mon JÉSUS, tout le désir, toute l'intensité de jouissance, tout l'abandon de moi-même que j'ai mis à aimer durant ma vie entière ; purifiez, et, après avoir purifié, prenez pour vous et donnez-vous à moi.

» Le plaisir dans le don de soi-même ! le bonheur dans le sacrifice du cœur ! les délices dans cet écou-

Léon Besnardeau. 13

lement de l'âme ! DIEU, mon DIEU, je sens en moi l'idée d'un bonheur que je ne comprends pas, mais que j'aurai quand je vous posséderai dans votre beau ciel. Mon DIEU, Trinité Sainte, Tout de tout, comme je sens à cette heure que je vous aime ! Quand le sentiment de cet amour sera passé, fortifiez-moi et faites de moi un instrument de votre gloire.

» Vous êtes digne de tout don, mon DIEU. Je me donne, je vous donne les clefs de tout moi-même : usez de moi en attendant que vous me réunissiez à vous... Vous faites tout en moi, vous me comblerez un jour. Ah ! vous êtes un DIEU grand, un DIEU riche, car il faut beaucoup, beaucoup pour me contenter. »

Le Frère croyait sans doute, et quelques-unes des dernières lignes semblent l'indiquer, que cet élan d'amour passerait vite. Il n'en fut rien, et, quelques heures plus tard, après l'office de Ténèbres, il jetait sur le papier les derniers versets du Benedictus et poursuivait : « J'ai passé toute ma journée dans la vue des merveilles de DIEU. J'en ai l'âme toute remplie, tout obsédée ; les derniers versets de Zacharie me restent dans la mémoire, avec les accords pleins de l'orgue, les voix de mes Frères, le spectacle de cette poignée d'hommes offrant au DIEU, près duquel ils sont moins qu'un souffle, cette parcelle d'amour à laquelle seule DIEU prétend.

» DIEU s'est donné pour l'homme ; DIEU a semblé

se renier, contrefaire sa nature, descendre jusqu'à prendre, sauf le péché, ce qui est le plus opposé à DIEU et le plus répugnant à l'homme. Et on l'offense ! Et je l'ai offensé ! Mon DIEU, qui êtes tout et moi néant, donnez-moi la vérité, la perfection de l'amour. »

Le Samedi Saint passa, puis les grandes joies Pascales arrivèrent. Le courant d'amour s'était-il interrompu ? Non sans doute, car je trouve à la date de Pâques (9 avril), cette note significative « Mon JÉSUS, je veux vivre près de vous, là haut, bien haut, là où le cœur est rempli, l'âme heureuse et l'homme tout entier satisfait. » Mais au lieu d'une effusion nouvelle, cette fois c'est un examen des imperfections qui ont pu jusqu'ici faire échec à la domination amoureuse de JÉSUS. Imperfections combien légères ! Quelques regards irréfléchis sur la créature, quelques retards à faire acte de foi, quelques discussions avec le sacrifice, quelques lenteurs à porter le cœur vers DIEU dans la tentation, à le «suspendre au Cœur de JÉSUS.» C'est chose notable, en pareil moment, que ce retour humble et pratique sur soi-même. On entrevoit, en effet, le plan de la grâce: elle veut l'âme plus pure, afin de la pousser plus avant.

Dès le lendemain, en effet, le flot divin la ressaisit et tout de nouveau la soulève.

« Mon JÉSUS, je me sens encore pressé de vous dire toute ma passion pour vous. Je vous aime, je vous aime. Mes horizons s'élargissent. J'ai vu votre Sacré-Cœur se montrer à mon imagination comme un torrent de flammes, votre Cœur invitant le mien à venir se reposer près de Lui ; votre visage, vos lèvres chastes, sacrées, divines. J'ai pensé au baiser de la bouche. Pourquoi non ? Il ferait mon bonheur ce baiser. Pourquoi ce désir et ce besoin seraient-ils en moi, s'ils devaient n'être jamais réalisés ? Donc, mon JÉSUS, aimons-nous. Donnez-moi la chasteté, la délicatesse, le véritable esprit de l'amour, afin que je sache jusqu'où je puis ambitionner d'aller et que j'aille jusque-là, ferme et confiant.. Aimons-nous, DIEU Sauveur, car je ne puis aimer que DIEU et DIEU par vous.

» Mais aussi mettez une clôture à nos doux entretiens : je veux ne les dire à personne ; vous, mon Amour, faites que je n'envie non plus à personne l'intimité qu'il a avec vous, et que je passe mon temps à vous aimer sans m'inquiéter des autres. Éclairez mon chemin, ô JÉSUS ; je veux aller haut et loin ; à vous de me montrer jusqu'où. Donnez-moi des sentiments et des paroles de feu : je veux l'extrême de l'amour ; je veux la perfection de l'amour, l'amour sans audace, sans illusions, sans effrois mais sans contrainte imposée, sans fausse honte, et, si je me croyais, sans bornes. »

La grâce, surtout la grâce sensible, vient à son heure, et nous n'avons pas à lui demander compte de ses secrets. Elle s'éclipsa quelques jours, et le samedi suivant 15, le Frère s'en rendait compte à lui-même.

« Je commence, mon JÉSUS, par faire un acte d'amour qui emporte votre Cœur et qui attire votre grâce. J'ai donc avec vous un moment de cœur à cœur, au moment où je suis seul avec vous. Disons-nous donc que nous nous aimons. Votre Cœur sur le mien, je dors en repos. J'ai bien pensé à vous ces jours-ci, ô Amour de mon âme, dominateur de tout mon être. J'ai passé par tous les états où peut passer quelqu'un qui vous aime, et qui retombe peu à peu de votre douce compagnie au face à face avec soi-même.

» J'ai désiré de vous être uni, de m'écouler en vous, de disparaître en vous, d'être la même chose que vous. J'ai pensé au baiser de la bouche et vous m'avez fait monter haut, ces jours-là, mon JÉSUS.

» Je ne vous suis plus ensuite resté attaché que par la volonté ; j'ai gardé la joie, mais cela n'a pas duré longtemps.

» Et je me suis trouvé seul, sans vous sentir, seul avec les créatures. J'ai été tenté de leur donner mon cœur. Mon cœur à d'autres que vous ! Jamais. »

Le soir du même jour, dans cette sorte d'accalmie, qui succédait aux grands élans, le Frère s'interrogeait encore pour s'humilier, pour renvoyer à JÉSUS toute gloire.

— « Vous êtes donc mon tout, mon amour unique, et je vous aime parce que vous êtes Dieu. Mais vous, pourquoi m'aimez-vous ? La cause de cet amour n'est point en moi, mais en vous, en votre bon plaisir. — A quoi me destinez-vous ? A de grandes choses. Qui est celui que vous élisez ainsi pour vous glorifier sur la terre ? Un rien, une volonté faible, c'est-à-dire la faiblesse dans ce qui fait un homme, la faiblesse dans la partie de l'homme d'où dépendent le bien et le mal, les grandes choses ou les basses... O mon unique Bien-Aimé, vous me donnez des sentiments sublimes, mais sont-ils de moi ? Vous élargissez mon cœur et vous vous y installez ; c'est vous, vous seul, bien seul, qui faites tout cela. Je ne veux point penser à ce que j'aurais été sans vous, sans votre faible pour moi. C'est un mystère... »

Le mystère allait s'éclaircir, non pas celui de la prédilection divine, de ce que cet enfant appelait avec son audace originale le *faible* de Jésus pour lui ; mais du moins la raison des consolations prodiguées depuis quelques jours et le terme pratique où le Maître entendait les faire aboutir.

Le Dimanche de Quasimodo, 16 avril, nouveaux transports, nouvelles hardiesses, mais le Frère se préoccupe visiblement de savoir que rendre à Jésus.

« Oh ! Jésus, je veux m'établir, pour m'élancer vers vous, sur un soutien indestructible. Donnez-moi pour cela, une conviction intime de mon néant, de ma faiblesse. Que je me fasse de l'amas de mes péchés un marchepied pour m'élever et vous voir derrière le nuage où vous vous tenez caché.

» Mais oublions tout, volons, volons en avant. Mon JÉSUS, je veux vous aimer, et quand je vous dis que je veux vous aimer, toute parole expire impuissante sur mes lèvres. Que veux-je donc ? Vous voir, vous voir, vous entendre, voir votre Cœur, et — quelle présomption ! Faites qu'elle soit sainte, — changer mon cœur contre le vôtre, vous posséder de façon que vous soyez ma chose, mon bien, vous tenir, vous embrasser, vous baiser, oui, mon adorable Maître, vous donner ce que j'ai besoin de donner, le baiser de la bouche ; — puis je veux être le maître de votre Cœur, le persuader de se faire aimer de moi, de se donner à moi. Qu'est-ce donc ? Mais oui, je veux le bonheur, l'ivresse de l'amour, ce que l'amour a de plus pénétrant, de plus pur, de plus raffiné, de plus divin...

» Est-ce audace ?... Non, non. J'aime ; ce sont les sollicitations de DIEU qui m'agitent. Aimer, aimer ! Pourquoi ne puis-je dire ni sentir davantage ?

» Rien n'est trop grand pour moi, rien n'est trop beau, rien trop passionné. Oh ! DIEU, un jour viendra que vous me comblerez.

» Et l'appel de DIEU continue. Que me dit-il ? Mon DIEU, éclairez-moi. Prions, prions. »

Il prie donc et DIEU l'éclaire. Après deux jours, il voit enfin ce que la grâce a prétendu obtenir : ce n'est point chose nouvelle, mais retour à une intention déjà caressée autrefois. Dans cet épisode, le plus saillant, le plus divin, de sa vie intérieure, il faut comme toujours venir au pratique, et le pratique, ce sera un progrès dans le sacrifice ; ne devait-on pas s'y attendre ?

Mardi 18 Avril.

«.. De même que j'ai changé en deux ans l'objet de mes affections, mes amis, pour vous, ô JÉSUS, — ainsi je veux changer en moi celui qui sent, qui veut, ma volonté contre la vôtre, moi-même contre vous-même ; — en sorte que n'existant plus à mes propres yeux, ce ne soit plus moi qui vive, mais vous, la vérité et la vie, qui viviez en moi.

» J'avais souhaité de m'offrir à vous autrefois en holocauste d'amour, en victime expiatrice, en jouet docile pour opérer votre gloire. Je le ferai, si on me le permet, dimanche, fête du Patronage de saint Joseph; car je veux gagner votre Cœur, être un disciple docile et fidèle de votre Cœur. Rien de grand ni de beau ne passera par ma pensée, que je ne cherche à le réaliser pour votre amour.

» Oui, moi, écolier, ignorant de votre amour, apprenti dans la perfection, je m'écrie de toutes mes forces : aimer, aimer ! me donner ! m'unir ! m'élancer le front haut, le cœur dilaté dans la voie des

Saints, des grands Saints! Vaincre en amour tous les hommes! m'élever, m'introduire au Cœur de mon Jésus! ce que je veux, je ne peux pas même l'exprimer. »

Du moins, tenait-il à savoir très précisément ce qu'il allait faire ; car, dans cette âme si bien ordonnée, le besoin de lumière et d'action croissait avec les ardeurs de l'amour... Holocauste, victime expiatrice, jouet docile : qu'est-ce au juste que tout cela et quelle forme cela prendra-t-il dans la réalité pratique de la vie ? Dès le soir, le F. Besnardeau se pose la question et il la résout ainsi :

« Quand je m'offrirai à vous en holocauste d'amour, que ferai-je ? Je me donnerai tout entier, je détruirai le droit que j'ai sur ma volonté, mon entendement, ma mémoire, ma liberté, tout moi-même. Je me donnerai comme se donna saint Ignace en vous disant : *Sume, Domine, et suscipe.* Je serai encore moi, mais je ne serai plus à moi. Donc, par la suite, quoi qu'il arrive, je serai heureux de la façon dont vous disposerez de moi, votre bien, de moi qui ne serai plus à mes yeux que votre esclave, ô mon Dieu.

» Et quand je m'offrirai en victime expiatrice, que ferai-je ? Je m'offrirai à porter en mon âme, en mon corps, les peines de telles offenses que vous voudrez, mon Dieu. Je m'offrirai à être un nouveau Jésus qui expie, autant que possible, tous les péchés du monde. Je m'offre à demeurer comme Il fut au jardin, sa volonté à vous et tout le reste contre vous.

» Et quand je m'offrirai pour être l'instrument de vos desseins, que ferai-je? Je me mettrai à votre disposition comme l'outil dans la main de l'ouvrier ; mais comme un outil intelligent qui demande le travail pour la gloire de son Maître, qui demande l'activité efficace, soit dans l'inertie apparente, soit dans l'exercice même du zèle.

» Un seul bien : faire la volonté de DIEU. Un seul mal : la contredire. La fin de tout : votre gloire. L'impulsion : Vous, votre amour. Aimer DIEU ! Que je vous aime, mon DIEU et alors je ferai votre volonté qui est votre gloire, votre gloire dont ma coopération est un élément : vous glorifier pour jouir de vous dans l'amour, pour vous aimer en jouissant purement, pour vous aimer comme je le ferai au Ciel. »

Certes, il n'y a rien là d'obscur ni de vague, à ce point que, cinq jours plus tard, en faisant avec l'aveu de l'obéissance, la triple alliance projetée, le Frère n'aura qu'à transcrire littéralement cet avant-projet.

Mais dans l'intervalle, la voix de l'amour devait parler encore une fois. C'est comme le dernier mot de JÉSUS et combien pratique!

Vendredi 28.

« Mon Bien-Aimé, vous à qui je n'ai rien écrit depuis deux jours, je vous en aime davantage. Est-ce la dernière fois aujourd'hui ? Et alors est-ce la leçon de la dernière heure que vous allez me donner ?...

» Dites-moi, mon JÉSUS, vous-même dites-moi le mot de votre Cœur que je dois emporter de ces doux et chers colloques, où nous nous sommes tant aimés. — Mon enfant bien-aimé, le préféré de mon Cœur par-dessus tant d'autres, songe que je veux de toi un grand amour, une tendresse extrême. Réchauffe-moi dans ton cœur, rends-moi, comme tu le voulais, ta chose, ton bien. Alors, tu pourras tout me demander, pour les autres, pour toi. Je suis l'époux de ton âme, je l'aimerai, afin qu'elle devienne riche devant mes yeux.....

» Mon JÉSUS, je suis fatigué, je ne trouve plus de mots ni même de pensées pour dire notre amour. Je n'en veux retenir que ce mot lui-même : aimer, vous aimer, vous, mon JÉSUS, et vous le prouver par l'oubli de moi-même, par l'acceptation des petites épreuves et humiliations, par le recours à votre pensée à tout instant du jour. — Tout cela dans l'humilité, mais surtout dans l'allégresse de mon âme, mais surtout dans le transport d'amour dont je veux faire ma vie.

» Ah ! mon JÉSUS, quel désir j'ai ! Vous voir dès

cette vie ! Il me semble que je vous aimerais tant si je vous voyais !

» Donnez-moi, JÉSUS de mon cœur, la réalité, la perfection de l'amour. »

Enfin le surlendemain 30 avril, en la fête du Patronage de saint Joseph avait lieu ce que j'appel-lerais volontiers le dénouement de ce drame intime où JÉSUS avait été le premier acteur. Tant de grâces répandues depuis trois semaines dans l'âme du F. Besnardeau, arrivaient à leur terme providentiel, c'est-à-dire à un sacrifice plus entier que jamais. Par un acte décisif, le jeune Religieux se faisait holo-causte, victime et instrument d'amour. Je ne citerai point *in extenso* la formule de son engagement, presque identique au programme raisonné qu'on a lu plus haut. Du moins j'en détache le début et la conclusion, où l'on verra tout ensemble et la hauteur des désirs et leur sagesse modeste ; c'est le F. Bes-nardeau tout entier.

— « O bon JÉSUS, qui êtes si aimable et si bien-faisant, je veux vous aimer ; et pour vous le prouver, je m'offre à vous en holocauste d'amour, en victime expiatrice et en instrument de votre gloire ; afin que ce présent, quelque petit qu'il soit, venant du fond de mon cœur, vous décide, ô mon Bien-Aimé, à vous faire aimer de moi réellement et parfaitement.

» Aimons-nous enfin ! Que je sois consumé de votre amour ! Que je ne doute plus de vous ! Que je me trouve volontiers loin de vous pour l'amour de vous, Époux tout aimable de mon âme ! L'union est plus grande alors que je la sens le moins.... »

Suit le dispositif qui nous est connu ; après quoi, le Frère ajoute :

« Mais que soit faite avant tout la volonté de JÉSUS ! Oui, bon JÉSUS, vous sondez le plus profond des cœurs ; vous jugez clairement la force et le courage de vos serviteurs. C'est parce que je m'y suis cru appelé par votre grâce que je vous ai fait cette offrande. Si, à vos yeux, elle était téméraire, au-dessus de mes forces et des grâces que je puis attendre de vous, si vous ne vouliez point me la demander, ô JÉSUS, alors je vous supplie de l'agréer comme un simple acte d'amour. »

Et maintenant, n'avons-nous pas droit de penser que le divin Maître avait bien réellement demandé cette offrande, qu'il la prit au mot et la sanctionna dans les faits ? Holocauste, le F. Besnardeau ne l'a-t-il pas été, lui dont un témoin singulièrement grave a pu dire qu'il avait consumé, abrégé sa vie par l'attention à tout faire pour le pur amour de JÉSUS ? Si le temps lui a manqué pour être un instrument de DIEU, au sens où il l'entendait sans doute, par ailleurs nous savons déjà de quelle activité docile il a travaillé à la divine gloire, et dans l'inertie apparente et dans l'exercice du zèle au sein des Communautés où il a vécu. — Enfin, que DIEU l'ait pris comme une victime de choix, comment pourrons-nous en douter quand nous le verrons bientôt souffrir et mourir?

Quoi qu'il en soit, après sa triple offrande prononcée, il sentait que la mesure était comble et que ce flux intermittent d'amour sensible qui l'assaillait depuis trois semaines allait s'arrêter, JÉSUS ayant désormais ce qu'il avait prétendu obtenir. Aussi, pour clore cet épisode tout divin, il écrivait le soir même du Patronage une sorte de conclusion enflammée, dont je ne saurais priver le lecteur.

— « Mon amour infini, JÉSUS, DIEU de DIEU, mon maître et mon époux, je voudrais chanter ce soir comme les Anges au Paradis, pour vous remercier de cette journée où nous nous sommes tant aimés. Je sens dans mon cœur le désir d'une jouissance infinie; mais cette jouissance n'est pas de cette vie; au contraire, la privation est, el'e de cette vie. Privé de tout par amour pour JÉSUS, privé de tout bien, excepté de la volonté de JÉSUS accomplie : voilà comment je paierai mon entrée à la jouissance de JÉSUS...

» L'amour veut le secret. Qu'un mur de silence et de solitude nous entoure. Où sera-t-il, ce lieu de nos entretiens, de nos rendez-vous amoureux que personne ne pourra pénétrer que nous deux ? Dans mon cœur, ô JÉSUS, dans mon pauvre cœur. Mais cet amour chaste, pur comme une flamme vive, sera de jour en jour plus pur et plus chaste. Chaste, je vous verrai, vous me montrerez sans voile votre divinité ; vous m'en communiquerez les trésors, nous ferons une communion d'esprit et de cœur qui fera de nous deux un seul être, un seul tout, et ce tout sera Vous, Vous, car en vous je me serai tout absorbé. Amour infini, préparez-moi à votre ciel. »

Cette fois, c'était bien fini ; mais de tels souvenirs ne s'effacent pas, et aux yeux du F. Besnardeau la *triple offrande* resta comme l'acte capital et décisif entre tous. Le *vœu de détachement* n'en avait été que le prélude et la condition ; *l'abandon* adopté bientôt comme forme de vie spirituelle, n'en fut que le développement logique et le commentaire. L'enfant qui à dix-neuf ans, six mois seulement après ses premiers vœux de religion, se livrait à merci à toutes les exigences possibles de l'amour, avait encore devant lui quatre années pour accomplir ce qui venait de se conclure entre son JÉSUS et lui. Tout ce que nous savons de sa vertu nous atteste qu'il le fit loyalement, mais simplement et dans l'obscurité de la vie commune. Le mur de silence et de solitude ne fut pas renversé ; à part ceux qui avaient droit de tout connaître, les hommes, les Frères du jeune Religieux ne surent pas à quelle intimité d'union à DIEU il était monté si vite. Pour eux, il resta ce que j'ai dit plus d'une fois d'après leur témoignage, l'enfant sérieux, l'enfant saint, mais toujours l'enfant.

Quant à nous qui venons de le suivre jusqu'à ces belles hauteurs, ne serions-nous pas exposés à perdre de vue ce côté pourtant si réel de sa physionomie ? A voir la maturité surnaturelle de l'esprit et du caractère, la pureté fidèle et militante, la liberté dans l'effort constant, l'humilité conquise de haute lutte, et par-dessus tout, l'abandon sans réserve aux divines tyrannies de l'amour, n'oublierions-nous pas volontiers qui nous avons devant les yeux ? Est-ce un enfant ? Est-ce un homme ? De fait c'est l'un et l'autre, et il faut les réunir par la pensée si l'on veut se représenter au vrai cette figure saintement originale. Sur les beautés intimes et quelquefois sévères de l'âme, il faut jeter de nouveau comme un voile de simplicité, de candeur joyeuse et presque enfantine. Il faut nous remettre en mémoire cette grâce riante, ce tressaillement de vive allégresse, ce tour particulier d'esprit et jusqu'aux formes frêles qui enveloppaient encore tout cela. Devant tant de contrastes si bien unis, nous entendrons mieux le charme saisissant de la personne ; mais surtout nous admirerons une fois de plus ce miracle de divine Sagesse qui unit aux fleurs de l'âge le fruit mûr de la Sainteté !

QUATRIÈME PARTIE

Les derniers jours.

DANS une ouverture de conscience au R. P. Provincial, le F. Besnardeau faisait, en peu de mots, l'historique de ses premières fatigues. Elles avaient commencé dix mois environ après son arrivée à Jersey. Lui-même s'avouait coupable de n'y avoir pas assez pris garde, et il disait : « A cause de la Compagnie, ma Mère, mon tort en ce point me fait beaucoup de peine. » Au reste, les Supérieurs n'avaient pas tardé à y pourvoir ; le Frère avait eu ordre de modérer son travail, et les légères imprudences du début semblaient devoir être sans conséquences. Un accident changea soudain la face des choses et commença la ruine de ce tempérament sain, mais délicat.

Le 24 décembre 1885, quelques instants avant la messe de minuit, le Frère était allé prendre des cahiers de musique dans une salle voisine de la tribune, quand une explosion de gaz se produisit, assez violente pour projeter les débris de la porte contre l'escalier, où ils brisèrent un des montants de la rampe en fonte. Environné de flammes, brûlé aux mains, au cou, au visage, le F. Besnardeau, après un premier pansement, put néanmoins entendre la messe, mais sans faire la sainte Communion. Dès le lendemain, quelqu'un l'en consolait par ces vers aimables que je cite parce qu'ils disent bien les sentiments du malade et dans son style à lui :

LÉON.

Quoi ! mon petit Jésus ! Me faire ces blessures
Dans cette heureuse nuit qui joint la terre au Ciel !
Quand je vais vous chanter, mon doux Emmanuel !

JÉSUS.

Dans cette même nuit, le froid était cruel ;
Sur mon visage, enfant, j'endurai ses morsures.
Léon, souffrons tous deux ; fêtons ainsi Noël.

LÉON.

Souffrons mon Bien Aimé ! — Pourtant voici l'épreuve
Dont mon âme a senti la poignante rigueur :
Vous n'êtes point venu me visiter, Seigneur !

JÉSUS.

Va, de l'Époux divin ton âme n'est pas veuve.
Je t'aime. En t'affligeant je t'en donne la preuve.
Enfant, je suis entré bien avant dans ton cœur.

Le Frère passa quelques jours à l'infirmerie pour guérir ses brûlures et se remettre de la secousse. Elle avait été vive, on le conçoit. Il lui en restait des effrois soudains, des sursauts nocturnes auxquels il opposait cette touchante industrie : « Je me figure être entre les bras de la Sainte Vierge, bercé par Elle comme son enfant. Alors je demeure calme. » Il écrivait peu après : « Dans les derniers jours passés à l'infirmerie, Notre-Seigneur m'a un peu élevé au-dessus des peurs de la mort. — Être prêt; là encore, ne voir que le côté radieux. Agir comme si l'on ne devait pas mourir, se faire saint comme si l'on n'avait qu'à mourir. Compter que, dans les dangers et à la mort, on n'offensera point DIEU : là est la consolation, et je m'en donne à moi-même comme garantie la fidélité aux petits devoirs. Ces sentiments sont le fruit du danger couru à Noël. »

Ainsi l'ébranlement moral se calma vite, les traces extérieures de l'accident disparurent et le jeune Religieux se remit à la vie commune avec d'autant plus d'ardeur qu'il se sentait préservé par Dieu, disait-il. Mais l'ébranlement nerveux avait été plus profond qu'on ne pensait ; de fait, il devait être irrémédiable. Depuis lors, le F. Besnardeau languit et commença de dépérir. L'année scolaire s'acheva, la joyeuse quinzaine des *grandes vacances* revint à son heure, et notre poète artiste s'y dépensa encore avec un dévouement que plus d'une circonstance rendit méritoire, et que d'ailleurs l'obéissance modéra fort, car lui-même confessait avoir excédé, en pareille occasion, l'année précédente. Cette fois, le cœur était du moins bien entier si les forces ne l'étaient plus. « Je suis plein de joie de nos vacances....C'est suave, riant, fraternel, que sais-je ? — et il y en a plein l'air. »

La retraite annuelle suivit, la dernière pour le F. Besnardeau. Il relève ce mot dans les notes qu'il prit alors : « Oh ! si nous avancions chaque année avec persévérance, comme nous aurions fait du chemin à la mort ! Nous serions tout étonnés de voir que nous sommes de grands saints ! » La mort allait bientôt lui donner conscience du chemin parcouru, car, dès le mois de septembre, la dernière maladie commençait.

Le Frère n'y vit d'abord qu'une indisposition légère, un simple torticolis. L'affaiblissement général qui s'y joignait aurait pu lui montrer là tout autre chose ; en réalité, l'anémie et la névrose allaient grandissant. Il fit d'abord bonne contenance et résista de son mieux, ayant précisément résolu dans sa retraite de fuir les singularités et de s'attacher de toutes ses forces à la vie commune. Il faut le dire, la maladie lui était chose toute nouvelle et le trouvait fort inexpérimenté. On l'avait pu voir dans ses fatigues de l'année précédente, et dès lors, tandis qu'une charité trop officieuse l'avait parfois embarrassé de ses conseils sans autorité, d'autres avaient souri des précautions peut-être naïves dont il s'entourait. Le Frère en avait conscience, et il n'est que juste de dire qu'il en avait souffert. Il voulait guérir pour travailler, il voulait aussi ne pas écouter la nature, et de là, au moment où nous sommes arrivés, ses efforts pour tenir bon contre la défaillance. Tout la montrait cependant : la pâleur ou le feu fébrile du visage, la toux sèche et nerveuse, l'insomnie ; et malgré tout, le malade faisait effort pour ne rien perdre des exercices réguliers.

Mais la première loi de la vie commune est d'obéir. Dans la seconde quinzaine de septembre, il fallut prendre domicile à l'infirmerie. Toutefois, le médecin redoutait l'immobilité complète. Aussi le Frère put-il reparaître encore quelques jours au réfectoire, au jardin même, puis il dut y renoncer. Un peu plus tard, ce furent les visites à la chapelle qui devinrent impossibles : grande et amère privation !

En effet, bien qu'on n'en fût pas encore à l'inquiétude extrême, tout baissait, tout s'altérait visiblement : les traits, les forces, la mémoire et jusqu'à l'intelligence. Par contre, il semblait que la nature eût encore une certaine force de résistance. Au commencement d'octobre, le Frère supporta sans trop de peine une longue tempête, dont on redoutait grandement l'effet pour son pauvre système nerveux délabré. Ce fut une lueur d'espérance. Au reste, combien l'on priait ! Les neuvaines succédaient aux neuvaines ; le malade s'y associait de bon cœur et même en esprit d'action de grâces, remerciant DIEU par avance de la guérison qu'il espérait obtenir. Il avait appris cette pratique dans la vie du P. de Foresta, le saint fondateur des Écoles apostoliques, et il la goûtait beaucoup. Vers le 15 octobre, il se disait plein de confiance, et parlait de recommencer régulièrement sa troisième année de philosophie à la date traditionnelle de la St-Luc.

La Providence avait d'autres vues. La journée du 17 amena une baisse notable, qui s'accéléra encore les jours suivants. Le 21, on surprit quelques paroles incohérentes : le délire commençait d'apparaître. D'ailleurs l'agitation du cœur était si violente qu'elle pouvait devenir fatale. C'était l'heure du danger, l'heure de penser aux derniers sacrements. Il fut résolu que le F. Besnardeau les recevrait le lendemain.

Ce jour-là, dans la matinée, il écrivit pour la dernière fois à ses parents. Sans accuser une situation qu'il ne soupçonnait pas encore lui-même, il parlait seulement de sa faiblesse, et de fait, elle était si grande qu'il lui fallut recommencer la lettre, dont l'écriture à peine reconnaissable en aurait dit plus qu'il ne voulait. Pour la dernière fois aussi, le Frère nota lui-même le résultat de son examen particulier. Il achevait son petit repas de midi, quand le R. P. Recteur vint le préparer doucement à connaître la gravité de son état. Il y eut alors un moment de surprise, mais sans ombre de frayeur, et, comme on lui proposait de recevoir les derniers sacrements dès le soir même, il répondit avec son gracieux sourire : « Comme vous voudrez. » Un peu après, il disait à son plus intime ami en le consolant: « Que je vive ou que je meure, cela me fera toujours du bien ; mais il n'est pas absolument sûr que j'aille voir le Bon Dieu. C'est par prudence. »

Il était au lit et dans le plus grand calme quand, à cinq heures, après les classes, la communauté se rendit à l'infirmerie, faisant cortège au Saint Sacrement. Le R. P. Recteur commenta brièvement ces mots du Cantique : « L'hiver est passé, les tempêtes s'en vont et disparaissent ; lève-toi, âme chérie, et viens ; » puis il exhorta le malade à se reposer avec abandon sur le Cœur de Notre-Seigneur. Au milieu de l'émotion générale, le Frère écoutait tranquillement, ses grands yeux ouverts. Il avait souhaité d'adresser quelques mots à la communauté réunie, mais on jugea plus sage de ménager sa faiblesse ; il se borna donc à répondre aux prières avec une parfaite égalité d'esprit. Quelques paroles, qu'il prononça le soir même ou le lendemain, achèvent de montrer de quelle sérénité douce il envisageait la mort, non pas encore imminente mais peut-être prochaine et, quelques heures auparavant, si peu attendue. Il disait du Saint Viatique: « Cela m'a fait l'effet d'une communion plus solennelle, » et de toute la cérémonie : « Une fois l'annonce entendue, rien de plus naturel. C'est comme un feuillet que l'on tourne après la page finie. » Quelqu'un disant : « Vous voulez donc nous quitter, Frère ? » il fit cette réponse qui le peint tout entier : « Ce n'est pas moi qui le veux ; mais je vais le vouloir si Notre-Seigneur le veut.» Il ajouta : « J'espère toujours cependant, *in spem contra spem* ; — mais j'ai surtout demandé le fruit spirituel du sacrement ; voilà ce qui m'importe. » Et comme on l'interrogeait sur ce qu'il voulait faire dire à son Père Maître du Noviciat : « Dites-lui qu'aujourd'hui encore j'ai aimé fortement Notre-Seigneur... Oui, reprit-il avec insistance, il me semble que je l'ai aimé fortement. » — Ainsi l'âme se révélait sans y prendre garde. Dans une circonstance aussi redoutable à la nature, cet enfant avait vu par-dessus tout une grâce à recueillir et une preuve d'amour à donner. Quant à la question de vie ou de mort, il s'en remettait au Bon Maître, se déclarant prêt à vouloir mourir si Notre-Seigneur le voulait. De fait, cette date solennelle marque dans ses dispositions un changement digne d'être noté. Jusque-là, il avait souhaité sa guérison ; depuis lors, ce fut la pleine et paisible indifférence ; au dernier moment, ce sera le désir du ciel et la chance de vivre acceptée seulement en conformité au bon plaisir de DIEU.

On put croire, pendant une quinzaine environ, que cette chance allait redevenir sérieuse. Du 22 octobre au 16 novembre, la mort parut s'éloigner. Le F. Besnardeau était redevenu lui même. Plus de tremblements nerveux ni de sourires convulsifs, mais cet épanouissement si franc et si gai qui réjouissait les cœurs. Le regard était limpide comme autrefois; l'esprit retrouvait sa vigueur, ses saillies même. C'est durant ces jours d'accalmie qu'il reçut la visite de son père. DIEU l'avait permis, sans doute, pour adoucir de part et d'autre l'émotion d'une telle rencontre. On l'avait redoutée pour le malade; mais il ne perdit rien de sa sérénité.

Au reste, alors que l'on se reprenait quelque peu à l'espérance, lui-même s'en tenait à ce parfait abandon qui, je le dirai plus tard, n'allait pourtant pas sans effort. Aussi fut-il moins surpris quand les choses changèrent d'aspect. Une tempête occasionna la rechute et, en quelques jours, du 6 au 13 novembre, tout le terrain gagné fut bientôt perdu. Le Frère allait-il mourir le 13, en la fête de saint Stanislas Kostka, son cher petit Saint, dont il avait pris le nom au jour de ses vœux ? Il le crut un moment et autour de lui on pensait de même ; du moins, tout espoir était cette fois bien perdu.

Mais la Providence voulait prolonger l'épreuve. Les journées du 13 et du 14 avaient été cruelles ; il y eut le 15 une réaction favorable, suivie d'une sorte d'état stationnaire, qui devait durer près de six semaines encore. La vie s'en allait lentement, tandis que la vertu rayonnait toujours plus belle. C'est le moment de la regarder une dernière fois.

II

RIEN de nouveau du reste. Dans ces longs jours, dans ces nuits d'insomnie qui les doublent encore, nous retrouvons bien la même physionomie. L'enfant est plus visible que jamais, et il semble que la défaillance universelle contribue à le faire mieux saillir. En même temps, l'homme, l'homme surnaturel, s'atteste par toutes les formes de l'énergie la plus sainte : patience, obéissance, charité toujours prévenante, oubli de soi poussé à l'abandon absolu, amour, amour passionné qui fait de cette destruction lente un véritable holocauste. Est-il oiseux de le redire ? Voici l'heure où JÉSUS accepte la triple offrande inspirée par Lui-même, il y a quatre ans déjà. L'holocauste est lentement consumé ; l'agonisant perd comme par degrés le gouvernement de ses membres, de sa mémoire, de son intelligence même. Il est bien victime, lui qui voulait être Apôtre et qui accepte en pleine connaissance de cause le sacrifice de l'Apostolat. Inutile en apparence et brisé avant l'heure d'agir, il devient d'une façon plus haute l'instrument de la gloire divine. Quelle édification autour de ce lit où tous ses Frères viennent veiller et prier à tour de rôle ! C'est alors que le voile se déchire, selon l'expression d'un témoin, et que l'âme se découvre tout entière, appliquant à consommer sa perfection, tout ce qui lui reste de lucidité, d'empire sur elle-même. Il n'est pas jusqu'au délire qui ne serve à la montrer plus belle, en livrant à qui veut le secret de ses habitudes les plus profondes. Voilà ce que j'aurais à dire en glanant parmi les détails sans nombre, dont l'attestation est sous mes yeux.

Le premier trait qui s'offre, c'est la patience, patience du jour et de la nuit, de la nuit surtout. On sent d'ailleurs combien elle devait être nécessaire Quelqu'un lui demandait s'il souffrait : « Non, répondit-il, je ne souffre pas d'une manière aiguë ; ma grande épreuve, c'est l'ennui, mais un ennui mortel. » Il avoua ensuite qu'il trouvait les nuits cruellement longues, mais il ajouta bien vite : « Tout ce que vous voudrez, ô mon bon JÉSUS, oui, tout ce que vous voudrez, autant de nuits que vous voudrez, et puis mourir, oui, mourir. » Alors, on lui rappela l'ennui de JÉSUS : *Cœpit tædere, pavere, contristari, mœstus esse...* Le malade redit ces mots lentement, à plusieurs fois, avec ce commentaire affectueux : « Vous aussi, ô mon bon JÉSUS, vous vous êtes donc ennuyé, vous vous êtes ennuyé comme moi, comme moi! »

Sa patience était simple et humble, toujours prête à accuser ses propres défaillances et même à les grossir. Un jour, il priait ainsi : « Je suis timide, je suis faible, si faible !... JÉSUS, je ne refuse pas la souffrance ; mais ménagez-la-moi, assistez-moi, car je suis si faible. »

Vers la fin, on lui mit des vésicatoires qui lui furent très douloureux. Il demandait pardon à Notre-Seigneur des gémissements qu'il ne pouvait contenir et conjurait les assistants de ne se point scandaliser. C'était son premier vésicatoire, il ne savait pas ce que c'était, il ne savait pas souffrir, il n'avait aucun courage, et le reste.

« O JÉSUS, disait-il une fois, que je souffre ! JÉSUS, je vous en prie, donnez-moi un peu de sommeil ; je suis si fatigué ! Que cette nuit est longue ! » Et s'adressant à celui qui le veillait : « Je ne suis pas bien brave, n'est-ce pas ? Je me plains.... ce doit être bien ennuyeux de veiller un malade qui se plaint toujours. »

Lui échappait-il un mot trop brusque ou qui lui semblât tel, aussitôt de son plus doux sourire : « Pardon, Frère ! L'excitation des nerfs ne me laisse pas toujours très maître de moi. » Que de fois il s'excusa de la sorte ! « Ayez compassion de moi, ne soyez pas sévère... Je ne sais pas ce que c'est d'être malade... Je ne sais pas souffrir. »

Par moments, le fond joyeux et original de l'esprit perçait encore. Parlant du vin de Champagne qu'on lui donnait : « Il est très bon, ce Champagne, mon bon JÉSUS, très bon ! mais je l'aime trop, il me perdra. » — Après une neuvaine : « Je ne vais pas mieux, je suis fatigué, très fatigué. Mon bon JÉSUS, je vais faire perdre leur crédit à tous les Saints. » Il disait encore : « Mon bon JÉSUS, ayez pitié de moi ! Je ne suis qu'un enfant, je ne sais pas souffrir ; je voudrais que la maladie fût toute au sirop de groseilles. »

Un Religieux malade a une ressource de plus que la patience chrétienne, c'est l'obéissance, l'obéissance tant recommandée de S. Ignace en pareil cas. Il est vrai de dire que le F. Besnardeau fut obéissant jusqu'à la mort... « Tout ce que je lui disais était parole d'Évangile, » a témoigné le Frère Infirmier. Rien n'égalait sa ponctualité à prendre à l'heure marquée tel aliment ou tel remède. Il guidait en ce point l'attention de ceux qui le veillaient, les renvoyant à la liste écrite et sacrifiant lui-même tout désir, toute fantaisie, quand on l'avertissait que la même liste réglait les choses autrement. Or, ce qu'il cherchait en cela, c'était le mérite de la fidélité, bien plus que le soulagement éventuel. « Que faut-il faire ? demandait-il souvent. Que m'a-t-on dit de faire ? » — et nous verrons tout à l'heure combien l'obéissance lui était plus chère que la santé, que la vie.

Comme elle faisait sa règle absolue, elle faisait aussi son repos. Si les prescriptions de l'infirmier valaient à ses yeux parole d'Évangile, un mot des Supérieurs calmait toutes les préoccupations de santé ou de conscience, et jusque dans les éclipses de la raison.

Un jour, étant en délire, il croit sentir un courant d'air:
« Faut-il s'en occuper ? » dit-il au R. P. Recteur qui
se trouvait là.—« Non. »—« Bien, »—et il n'y prend
plus garde. Une autre fois, il énonce je ne sais quelle
crainte. « Vous vous trompez, lui est-il répondu, le
R. P. Recteur nous a dit le contraire. » — « C'est
vrai ? Alors n'y pensons plus. » —· Aussi bien le
médecin, qui avait appris à le connaître, recommandait que l'on essayât sur lui le pouvoir de l'obéissance,
alors même qu'il semblerait hors d'état de comprendre
et de se gouverner.

Il ne faudrait pas croire cependant que le pauvre
malade obéît toujours sans effort. Que faire, par
exemple, quand on lui enjoignait de se calmer, tandis que ses nerfs frémissants rendaient le calme impossible ? Il s'y ingéniait de son mieux. Que de fois,
en une nuit ou en une heure, sur les observations
répétées qu'on lui adressait, il posait la tête sur l'o-
reiller, fermait les yeux, essayait de se maintenir
immobile ! Puis il se plaignait à JÉSUS de ne pouvoir réussir. «Tiens! je ne dors pas. Mais mon JÉSUS,
il faut que je dorme. Faites-moi dormir. » Le sommeil ne venait guère, mais l'obéissance était sauve,
et pour le F. Besnardeau c'était le principal. Une
nuit, celui qui le veillait, après avoir été témoin de
ses efforts inutiles, lui proposait de guerre lasse des
gravures à regarder. Le malade refusa : il avait ordre
de reposer jusqu'à trois heures. Le moment venu, il

s'écria naïvement : « Enfin je puis cesser de dormir. Les images maintenant ! »

Mais il y avait un point plus difficile encore et qui lui coûta bien des luttes. Luttes méritoires, héroïques peut-être par instants, car il ne lui restait pour les soutenir qu'une raison vacillante, et les nerfs qu'il s'agissait de contraindre échappaient aux prises de la volonté. Remuer, parler, crier même, lui donnait l'illusion d'un soulagement, mais d'un soulagement périlleux et qu'on aurait voulu lui interdire. La tête affaiblie, livré tout entier à des agitations dont il n'était pas maître, il arriva d'abord au pauvre enfant d'argumenter, de sophistiquer même un peu contre les injonctions reçues. On lui défendait de parler aux Frères, mais n'avait-il pas permission de se parler à lui-même ? « Frère, disait-il un jour, laissez-moi pousser un cri, un seulement ; cela me soulagera. JÉSUS a bien poussé un cri quand il est mort. Pourquoi ne voulez-vous pas que je crie aussi un peu ? »

La charité des Supérieurs se faisait alors pressante et industrieuse ; mais pouvait-elle réussir toujours ? On avait mis tout près de lui, sous ses yeux, ces deux textes : « *Non clamabit.... Jesus autem tacebat.* » Un jour que, pour le calmer, le R. P. Recteur lui présentait l'un des deux, le malade se prit à le commenter au lieu de se taire, et le Père, en sortant, ne pouvait se défendre de sourire en voyant son insuccès.

Et pourtant ce fut le plus souvent un spectacle navrant et admirable tout ensemble, que cette raison et cette volonté ramassant leurs dernières forces, pour essayer encore d'obéir à certains moments où la chose restait à peine possible. Si, dans son demi-délire, le Frère avait çà et là cherché des prétextes pour se mettre à l'aise, la plupart du temps il prenait parti pour l'obéissance contre lui-même ; il demandait qu'on l'avertît, il s'exhortait et se gourmandait, mais surtout il priait avec une naïveté touchante, suppliant JÉSUS de l'aider à obéir. « Chut ! Chut ! Taisons-nous. Ce n'est pas bien de crier comme cela. Mon JÉSUS, pardonnez-moi... Oui, oui, je vais me taire. Vous, mon bon JÉSUS, vous n'avez crié qu'une fois, et moi j'ai déjà crié plus de soixante fois. Vous étiez en agonie et moi je n'y suis pas encore. Oui, mon bon JÉSUS, je ne savais pas ce que je faisais, je vais me taire. » — Quelquefois il protestait de son impuissance. « Vous voyez, Frère, combien je désire me taire, mais je ne puis. Oh ! mes nerfs, mais pauvres nerfs !..... Mon bon JÉSUS, que c'est humiliant ! Je ne puis pas me taire ; je suis faible, je n'ai pas plus de force qu'une femme. » — Or, bien souvent, presque toujours, c'étaient des paroles pieuses qu'on arrêtait sur ses lèvres ; c'était le nom même de JÉSUS qu'on lui défendait de répéter sans fin. Alors il le redisait encore malgré lui, avec de douces plaintes. « JÉSUS !....

Je ne puis pas même dire cela ! JÉSUS ! je ne peux pas. Ah ! Frère, faites-moi taire. »

Tant d'efforts ne le laissaient pas encore satisfait. En demandant le calme, il s'accusait hautement. Tantôt il implorait l'indulgence, tantôt il ne l'acceptait pas et se tenait rigueur à lui-même. Voici une de ces petites scènes où l'on prend l'âme sur le vif. « Mon bon JÉSUS, disait le Frère, faites-moi rester tranquille, je vous en supplie. Maintenez cette jambe. Mon bon JÉSUS, pardon ! elle remue malgré moi. » — « Mais vous êtes calme, lui répondait-on. Le bon JÉSUS est content de vous. Dans votre état, on ne peut vous demander de rester immobile comme une statue. » — Ici, le malade se récria. « Oh ! mais on ne m'a pas dit cela du tout. Non, mon JÉSUS, je ne suis pas assez calme. »

Veut-on savoir jusqu'où l'obéissance lui tenait à cœur ? Tout en lui recommandant le silence et l'immobilité, il avait bien fallu prévenir les inquiétudes de sa conscience, l'assurer qu'en tout cas ses cris et ses agitations n'offensaient pas DIEU. Ce n'était pas assez ; il voulait obéir à la lettre. Alors sentant son impuissance, il demanda au R. P. Recteur la permission de prier pour obtenir une prompte mort, car à l'en croire, il n'était plus bon Religieux. Et s'adressant à JÉSUS dans ses derniers jours : « JÉSUS, il faut me prendre ; il faut me laisser m'en aller, parce que je désobéirais. Oh ! c'est affreux : un

Religieux ne plus obéir ! C'est une petite chose, mais avec les petites choses on va loin sur la pente. »

Ainsi obéir était tout : vivre ou mourir lui semblait une question secondaire. Là éclatait ce plein et parfait abandon où il résumait, depuis quatre ans déjà, tout l'effort de sa vie intérieure. — J'ai dit qu'il avait d'abord souhaité vivement de guérir, mais dans la pure intention de glorifier DIEU par son travail. Une fois la mort présente et les derniers sacrements reçus, l'âme se fixa dans l'équilibre ; le Frère était en toute droiture et sincérité indifférent à la mort ou à la vie. Non qu'il y eût fatigue, dégoût, prostration. « Je suis indifférent parce que je me mortifie, » disait-il avec sa candeur ordinaire ; à quoi il eût pu ajouter : parce qu'on m'a enjoint de l'être. De fait, il avait demandé la voie à suivre et on lui avait montré celle-là comme la meilleure. Le 27 octobre, dans cette courte période de relèvement qui suivit l'Extrême-Onction, quelqu'un l'exhortait à l'espoir, et lui, qui avait tout espéré jusque-là, répondit cette fois par une protestation d'indifférence ; puis, comme on s'en étonnait, il reprit simplement : « J'ai demandé au R. P. Recteur ce qu'il fallait faire, et il m'a dit de faire ainsi. » De son côté, le Père lui rendait ce témoignage que la mort lui faisait à peu près l'effet d'un changement de chambre.

Comme il livrait sa vie au bon plaisir de JÉSUS,

ainsi s'abandonnait-il en détail, se voyant pour ainsi dire tomber pièce à pièce, le sentant avec sa vivacité de nature, mais l'acceptant toujours dans cet esprit d'holocauste qu'il avait fait sien. Que de fois on l'entendit répéter : « JÉSUS, ce que vous voudrez, tout ce que vous voudrez, oui, *fiat !*... — Je vous offre encore cette nuit ; c'est pour vous.... — Confiance ! JÉSUS m'aime. Tout ce que DIEU fera sera pour mon bien. La nuit sera bonne. Et puis, si je me trouvais plus mal demain, où serait le mal ? »

Souvent il suffoquait. « Il est bien dur de ne pouvoir respirer, » avoua-t-il une fois ; mais aussitôt : « Mon DIEU, vous êtes très bon. »

Il voit du sang dans son mouchoir. « Il y a du sang ! » dit-il un peu ému ; puis un instant après : « Mais JÉSUS a versé du sang. »

Un autre jour, il était agité, à son ordinaire, et redisait ses invocations à Notre-Seigneur. Tout à coup il pousse une exclamation en se saisissant le bras gauche : « Oh ! qu'est-ce que c'est ? Que cela fait mal ! » — « Ce n'est rien. » — « Mais si ; c'est comme dans les jambes.... la paralysie ! Mon bras aussi ! Tout va être pris. » — Il avait parlé très vite et avec un effroi visible ; c'était le cri de la nature. Mais on n'attendit pas longtemps le mot de la foi et de l'amour. « Eh bien ! oui, mon JÉSUS, si vous le voulez ! Oui, mon JÉSUS, je vous donne mon bras. Bientôt il ne me restera plus que la tête. » Et s'animant : « Prenez tout ce que vous voudrez, la tête aussi, mon bon JÉSUS, oui, tout. » Il le redit à plusieurs fois : « Oui, tout, JÉSUS ! JÉSUS, tout ! »

Dans cette situation extrême, s'il est méritoire de se résigner, n'est-il pas héroïque d'ignorer, de renoncer à s'enquérir ? Le médecin ayant parlé d'une certaine amélioration, le Frère demanda ensuite : « Dois-je tenir compte de ce qu'a dit le Docteur ? » On lui répondit : « Abandonnez-vous toujours au Cœur de JÉSUS. » — « Oui, répliqua-t-il, le reste est curiosité. »

Mais voici mieux encore. Il dit un jour au R. P. Recteur : « Me permettez-vous de poser demain au Docteur ces deux questions : — La maladie est-elle incurable ? et, dans ce cas, combien de temps ai-je encore à vivre ?» Le Supérieur l'assura que son désir était légitime, puis : «Vous n'avez pas peur d'aller voir le Bon DIEU ? » — « Ah ! c'est mon plus grand bonheur ! » Après ces mots, le Frère se tut, il réfléchit quelques instants, et soudain, prenant une décision nouvelle : «Mon Père, je ne poserai pas les deux questions au Docteur : c'est de la curiosité. »

Nous venons de l'entendre dire qu'il ne craignait point d'aller à DIEU. Il convient d'ajouter qu'il n'en avait pas toujours été de même. Durant quelques jours, cette âme si confiante, si étroitement unie à JÉSUS, avait dû être soutenue contre une impression de frayeur. Était-elle en grâce ? Ses péchés lui étaient-ils pardonnés ? Que serait le jugement de Dieu ? — Il était bon sans doute pour l'instruction et la consolation de plusieurs que le Frère passât par cette épreuve ; mais la paix lui fut bientôt rendue.

Attendre dans l'ignorance et l'abandon, telle fut longtemps son attitude. Sur la fin, le désir du ciel s'enflamma, l'âme parut tout enivrée des premiers parfums du Paradis. Dès le 5 décembre, le Frère disait : « Si Notre-Seigneur m'appelait, ô quelle joie ! Mourir, c'est voir plus tôt le Bon Dieu.» Dans la suite, la faiblesse augmentant et la volonté divine semblant apparaître plus manifeste, il interrogea son Supérieur : « Puis-je demander à mourir ? » — Et sur le congé qu'on lui en donna : « Oh ! quelle belle prière je vais faire pour obtenir cette grâce ! » Dès lors il n'attendit plus que Jésus et le Ciel. Une nuit, quelqu'un lui parla du printemps et des fleurs. « Ah ! Frère, répliqua-t-il, le printemps de la terre, les fleurs de la terre, je ne les verrai plus. Mais le printemps du ciel, les fleurs du ciel : oh ! je les verrai toute l'éternité. » Une autre fois, recevant la visite quotidienne de son plus intime, il l'accueillait par ces mots : « Je veux m'en aller. » — « Oui, de l'infirmerie, n'est-ce pas ? » — « Non, pour tout de bon.» Et que d'aspirations ardentes sortaient de son cœur ! « J'attends Notre-Seigneur. Jésus viendra bientôt. Oh ! quelle joie ce sera lorsque viendra

Notre-Seigneur !... JÉSUS, venez !... JÉSUS, JÉSUS, quand viendrez-vous ? Oh ! le ciel ! le ciel ! Que ce sera beau ! Vous me mettrez tout près de vous, n'est-ce pas ?... Là je prierai pour ceux que j'aime. » Parfois les désirs d'apostolat revenaient un instant se jeter à la traverse. Un jour on l'entendit qui disait : « Voir DIEU ! comme c'est beau ! comme c'est grand !... Mais travailler pour les âmes !... Eh bien ! oui, mon DIEU, si vous le voulez, je veux guérir afin de travailler pour vous. » La Chine qu'il avait tant aimée était toujours présente à son souvenir. Ne comptant plus s'employer à la convertir, il lui restait de mourir pour elle et il le déclara un jour au R. P. Recteur : « Je meurs pour la Chine, pour la France, pour mes parents ; » mais tout se perdait en fin de compte dans une aspiration irrésistible vers le ciel.

La mort du F. Besnardeau a ressemblé à sa vie, ou, si l'on veut, sa vie a été pleinement révélée et justifiée par sa mort. Vivant, il avait aimé le prochain d'une charité rare et JÉSUS d'une passion infinie. Mourant, il aima plus que jamais l'un et l'autre. Lucidité ou délire, son cœur était à nu et l'on n'y eût trouvé autre chose que ces deux amours.

Dans cet état où une âme moins généreuse n'eût pu être attentive qu'à elle-même, il gardait toutes les préoccupations de la charité, il en avait, comme autrefois, toutes les prévenances. Livré lui-même à la charité d'autrui, sa grande frayeur était de trop exiger d'elle, de gêner ceux qui l'assistaient. Il évitait de recourir à eux quand il les voyait occupés du Bréviaire ou de quelque étude. Comme il fallait assez souvent le soulever pour diminuer l'oppression, il déclinait avec soin les offres de ceux qu'il ne jugeait pas assez forts. Quand on lui eut mis des vésicatoires, quand un long séjour au lit eut amené des plaies, il y eut des pansements quotidiens pendant lesquels on avait à le soutenir. « Dépêchez-vous, dit-il un jour à l'infirmier. » — « Est-ce que je vous fais mal ? » — « Non, mais le Frère va se fatiguer. » En pareil cas cependant on ne songeait guère à la fatigue. Un de ceux qui eurent à le soutenir ainsi raconte que, lorsqu'il le tenait dans ses bras, il pensait à son futur sacerdoce et à l'honneur qu'il aurait un jour de présenter à DIEU la Victime par excellence.

Le F. Besnardeau faisait tout pour n'être pas à charge. Il priait DIEU de lui épargner ce regret. « J'ai crié cette nuit, disait-il, par exemple. Les Frères ne peuvent pas dire leur Bréviaire. Oh ! mon DIEU, faites que je ne sois pas longtemps à charge à mes Frères ! « Ce désir fut exprimé plus d'une fois : désir simple et tout sincère où le dégoût ni l'abattement n'entraient pour rien. La mort plutôt qu'une désobéissance matérielle, la mort prompte plutôt qu'une épreuve trop prolongée pour la charité des autres :

c'était chose toute naturelle aux yeux de cet enfant.

Par suite, quelle reconnaissance après les services
rendus ! Elle était vraiment intarissable. Belle tradition de son Noviciat, chère habitude de toute sa vie,
mais aujourd'hui plus saillante que jamais et plus
méritoire. Il se disait indigne, confus, émerveillé des
soins dont on l'entourait, de tant d'efforts pour prolonger sa vie de quelques jours. Il énumérait longuement les bienfaits de la Compagnie à cette dernière
heure, les soulagements de toute nature prodigués à
son corps, mais par-dessus tout à son âme : l'assis-
tance continue de ses Frères, leurs prières unanimes,
l'absolution quotidienne. « Me plaindre ! se disait-il
à lui-même. Mais c'est impossible. Je suis gâté. » Il
lui arriva de s'écrier naïvement dans un demi-délire :
« C'est splendide la façon dont on me soigne. Cela
mérite bien un *Te Deum.* » Et il commença le *Te
Deum.*

Sa reconnaissance n'oubliait personne et les circonstances les plus douloureuses ne la faisaient pas
languir. Un jour, en pleine crise, il priait ainsi :
«Jésus, bénissez le R. P. Recteur, bénissez le P. Ministre, bénissez le Frère Infirmier.» Tous les trois l'assistaient en ce moment. — Quant aux Pères et Frères
qui se relayaient pour lui tenir compagnie, ils étaient
toujours salués du plus gracieux sourire, et, à propos
du moindre détail, le malade les remerciait avec un
accent qui allait au cœur. C'était au point que l'un

d'eux craignait presque de le servir pour ne provoquer pas ses actions de grâces multipliées. Un autre
ayant protesté que le service rendu était peu de
chose, le F. Besnardeau répondit gravement :« Oh !
si ; vous avez soulagé un malade du Bon DIEU. »
Tel était l'esprit surnaturel qni animait et soutenait
sa gratitude.

Rien n'altéra d'ailleurs cette charité attentive,
ingénieuse, prévenante, qui reste une des meilleures
gloires de son âme. Au début, quand sa mémoire vint
à fléchir, il se désolait de ne plus retrouver une feuille
où il avait consigné quatre intentions particulières.—
« Dites cela en bloc au Bon DIEU, ne vous fatiguez
pas.» — « Ah ! mes Frères me les avaient recomman-
dées d'une manière toute spéciale.»—«Eh bien ! dites :
Mon JÉSUS, je vous recommande spécialement ces
quatre intentions que nous ne retrouvons pas. » —
« C'est un peu contourné. » — « Oui, mais je crois
que le R. P. Recteur vous ferait faire ainsi.» —
« Oh ! alors très bien. » — Il avait fallu la direction
présumée de l'obéissance pour calmer les inquiétudes
de sa charité.

Plus tard, il s'étudiait à ne pas contrister ses visi-
teurs, il expliquait, il excusait son silence, il tenait
à se montrer riant et enjoué pour diminuer les
alarmes. Ce n'est pas tout, il veillait sur ceux qui le
veillaient lui-même, s'enquérant de leur santé, s'api-
toyant sur leur fatigue, se préoccupant pour eux de la

lumière, du feu, de l'exacte fermeture des fenêtres, des rafraîchissements qu'ils avaient à prendre pendant la nuit. Il se tenait au courant des choses de la maison, s'informait des absents, vivait en tout pour autrui, comme si nul souci personnel ne l'eût porté à se replier sur lui-même. Ses parents, sa mère malade lui revenaient souvent en pensée. Il s'inquiétait de ses anciens amis de collège, en particulier de l'un d'entre eux dont il venait d'apprendre la mort subite. S'intéresser lui semblait trop peu ; il offrait ses souffrances, et tel qui lui recommandait des intérêts assez légers, une épreuve scolaire par exemple, obtenait à cette intention l'offrande d'une de ses longues et cruelles nuits.

Ce fut bien jusqu'au dernier moment ce même cœur que nous avons vu si chaud et si sage, instruit par la grâce à concilier dans un degré rare les intimités les plus profondes avec la charité universelle qu'il mettait au-dessus de tout. Le R. P. Recteur lui annonce un nouveau venu dans la maison. « Oh ! s'écrie-t-il, que je suis content ! C'est un de mes amis. » — « Mais, réplique le Supérieur, et non sans dessein, vous aimez tous vos Frères. » — « Ah ! je crois bien que je les aime de tout mon cœur. » Et ce mot jaillit avec une spontanéité et une expression impossible à rendre. Mais voici qui est plus significatif encore. J'ai dit que le plus ancien et le plus intime des amis du F. Besnardeau se trouvait à

Jersey, DIEU lui ménageant la consolation d'assister à cette sainte agonie. Or, dans le roulement des visites quotidiennes, il était habituellement remplacé par le professeur du malade. Le Père, qui connaissait les relations exceptionnelles des deux jeunes gens, avait lieu de supposer que le F. Besnardeau se voyait avec quelque regret privé d'une présence si chère. Il s'était promis d'épier le moindre indice de cette impression ; mais il atteste qu'il ne put rien saisir et qu'il fut toujours accueilli comme si son apparition apportait un renouvellement de joie.

JÉSUS a aimé les siens jusqu'à la fin, c'est-à-dire jusqu'à la dernière heure et jusqu'au dernier effort possible. On serait en droit de retourner la parole évangélique pour l'appliquer à ce mourant. Oui, en vérité, le F. Besnardeau, qui avait tant aimé JÉSUS, l'aima jusqu'à la fin ; jusqu'à la fin il soutint de toutes ses forces la sainte rivalité d'amour avec ce DIEU qui avait daigné le prévenir d'une prédilection si singulière. C'était, on le sait déjà, le tout de sa vie ; ce fut le tout de sa mort. De là ce fonds inépuisable de patience. Tout était bien reçu parce que tout venait de la main adorée. JÉSUS était toujours le bon, le très bon, l'extrêmement bon JÉSUS. Une nuit on entendait le Frère s'écrier : « Oh ! JÉSUS, que vous êtes bon de me consoler ainsi ! Oh ! que vous me faites plaisir !... Oui, vous êtes bien bon, très bon. » Voici maintenant le cri de la douleur :

« Oh ! Jésus, que je souffre ! Oh ! Jésus, ces pauvres jambes me font bien souffrir... ces jambes sont pleines de vous, car elles me font bien penser à vous. O Jésus ! que vous êtes bon ! oui, vous êtes bon, même quand vous me faites souffrir ! »

Du 23 octobre au 15 décembre, le Frère put communier chaque matin. Privé ensuite de cette joie à raison de la fréquence du délire, il l'obtint tout de nouveau pendant les derniers jours. Faute de mieux, il s'efforçait de suivre la messe qui se disait dans une chapelle voisine ; mais alors même son esprit s'égarait trop souvent, des paroles incohérentes lui venaient aux lèvres et il fallait refermer la porte par égard pour la dignité du Sacrifice. Le malade s'en humiliait profondément quand il en prenait conscience. « Oh ! c'est affreux, disait-il un jour. J'ai dormi pendant la messe ; j'ai été réveillé par la sonnette. Oui, mon bon Jésus, j'ai dormi. Oh ! que c'est mal ! »

Il priait du moins son Jésus et quasi constamment et jusqu'à la défaillance. Alors il demandait qu'on le suppléât, afin que la louange de Jésus ne se tût jamais auprès de son lit. « Oh ! Frère, je ne suis plus bon à rien ! Je ne puis plus prier Notre-Seigneur ; je n'en ai plus la force. Priez beaucoup pour moi ! » — « Mais si, répliqua-t-on, vous pouvez encore très bien prier, regarder votre Crucifix. »

— « Ah ! oui, » fit le malade et il regarda Crucifix en répétant des actes d'abandon. « Oui, oui, mon JÉSUS, tout pour vous, tout ce que vous voudrez ! »

Nommer JÉSUS, c'était le prier encore, et le Frère s'épuisait à redire ce nom qui avait été, on s'en souvient, le dernier mot d'ordre où il résumait sa spiritualité. Pendant une crise de toux, il l'avait répété sans relâche. A la fin il dit à son garde-malade : « Frère, je n'en puis plus, dites donc pour moi : mon JÉSUS ! »

A ceux qu'il savait d'une piété plus expansive, il demandait de lui suggérer quelques oraisons jaculatoires et il leur enseignait lui-même à les faire courtes et simples, par exemple : « JÉSUS, vous êtes bon, vous êtes beau. Je vous aime de tout mon cœur. » Si l'on cherchait à les varier ou à les étendre, il priait qu'on revînt au mot suprême, unique « Dites simplement : JÉSUS, mon bon JÉSUS. »

JÉSUS était l'objet presque unique de sa pensée réfléchie, l'entretien perpétuel des heures lucides ; mais encore JÉSUS reparaissait constamment jusque dans la pensée inconsciente, dans le délire. Le nom sacré se mêlait aux divagations les plus étranges. Le F. Besnardeau associait JÉSUS à tout, lui offrant une part du vin qu'on lui faisait boire ou même de la ouate qu'on étendait sous lui à cause de ses plaies : « Mais, mon JÉSUS, il faut que vous en preniez aussi. Prenez-en la moitié : je vous assure

qu'on est bien mieux ainsi.» Et, s'adressant au Frère
qui se trouvait là : « N'est-ce pas qu'on est bien
mieux sur la ouate ? Le bon JÉSUS n'en a pas. Dites-
lui donc d'en prendre. — Oui, mon bon JÉSUS, prenez-en. » — Il lui arrivait même de s'identifier avec
JÉSUS jusqu'à Lui attribuer ses propres souffrances.
Après un accès de toux : « JÉSUS, vous toussez,
vous n'êtes pas bien. Si vous demandiez à voir le
Frère Infirmier ? » On souriait et comment s'en défendre? Lui-même souriait le premier quand il venait
à s'apercevoir de ces disparates. Mais aussi on admi-
rait en silence. L'âme se trahissait encore là : il était
bien manifeste que JÉSUS l'avait envahie dès longtemps, qu'il la possédait tout entière.

Et pourtant cet amour, profond jusqu'à être passé
en instinct, était mal satisfait de lui-même. Quelqu'un exhortant le Frère à la confiance, il s'écria :
« Oh ! oui, mon JÉSUS, vous m'aimez. C'est moi qui
ne vous aime pas. Non je ne vous aime pas. » —
« Mais si, vous l'aimez : vous avez tout fait pour Lui
en donner la preuve. Vous êtes entré dans sa Compagnie, vous vous êtes livré à Lui sans réserve, et
si vous aviez pu trouver encore quelque chose à Lui
offrir, vous l'auriez offert aussitôt. » — « Oh ! oui,
interrompit-il avec force ; oui, cela est vrai.» Il disait encore, parmi les suffocations qui lui coupaient
la parole : « JÉSUS, pour vous aimer, je n'ai qu'un
cœur d'homme : il n'est pas assez grand. Je voudrais

l'exhaler pour vous à chaque respiration ; oui, JÉSUS,
pour vous. »

Au reste, il faisait mieux que de s'accuser ou de
se rendre justice ; il s'oubliait. On a remarqué le caractère désintéressé de ses colloques. Le plus souvent il parlait à JÉSUS lui-même, ou s'il implorait
quelque grâce, il s'arrêtait court, ne songeant plus
qu'à son Bien-Aimé. C'est ainsi que, Lui demandant
un jour la patience, il se reprit vivement : « Mais
c'est vous qui avez besoin de patience. » Il s'oubliait,
ai-je dit, mais dans la juste mesure et dans le droit
sens de la charité parfaite, se désintéressant de tout
hors la possession éternelle de Celui qu'il aimait.
Après une communion : « O JÉSUS, dit-il à plusieurs
reprises, vous m'aimez bien plus que je ne vous
aime. Donc — et il insistait sur la conclusion —
donc vous ne m'abandonnerez pas. JÉSUS, je veux
vous aimer toujours, toujours... Oh ! qui me dira que
je vous aimerai toujours ? » — « Oui, Frère, protesta
celui qui était présent, oui, vous l'aimerez toujours ;
je vous le dis. » — « Tout le monde me le dit, » ob-
serva le F. Besnardeau naïvement. — « Eh bien, répliqua-t-on, il faut le croire. » — « Oui, alors je l'aimerai toujours, je le crois, je l'aimerai toujours. »

Patience, obéissance, abandon, charité pour ses
Frères, mais par-dessus tout, amour passionné pour
JÉSUS : voilà ce que fut le F. Besnardeau pendant
ces longues semaines où sa vie achevait de s'épuiser.

Ceux qui ne le connaissaient pas encore le connurent là, et quant aux lecteurs, ils apprécieront sans aucun doute quel témoignage involontaire mais irrécusable cet enfant se rendait alors à lui-même. Le témoignage ne se démentira pas dans les derniers jours qu'il me reste à raconter.

III.

DEPUIS longtemps déjà, la situation était absolument désespérée. Les jambes avaient enflé, puis les mains ; les crises devenaient plus violentes, mais la grande menace était au cœur.

Noël arrivait ; c'était la fête chérie du Frère ; il eût aimé mourir ce jour-là. C'était aussi l'anniversaire de l'explosion qui lui avait été si fatale et l'on redoutait pour lui ce souvenir. Il demeura calme cependant et bien des fois, pendant la nuit sainte, on l'entendit exalter avec son accent inimitable la bonté, la toute bonté de JÉSUS.

Le soir du 26, une crise eut lieu, la plus forte qu'il eût encore subie. Il avait dit peu auparavant : « Je vais voir le Bon DIEU. Que je serai content ! » De fait, il croyait ne pas survivre à cet assaut. Le P. Ministre, fort expert au soin des malades, l'assura du contraire et lui promit de l'avertir quand le moment serait réellement venu.

Le 27 et le 28, la faiblesse augmenta encore, en même temps que la lucidité redevenait plus constante et plus ferme. DIEU voulait qu'il sanctifiât sans en rien perdre les dernières heures qui lui restaient.

Le 28, il avait accompli sa vingt-quatrième année; le 29 était l'anniversaire de son baptême, ce devait être son dernier jour.

Dès le grand matin, il communia encore en viatique et avec une connaissance plus entière que de coutume. Durant l'action de grâces, il renouvela ses vœux.

Vers cinq heures et demie, le P. Ministre lui dit qu'il allait écrire à ses parents. Le Frère le pria de les assurer qu'il les aimait de tout son cœur : ce fut son testament filial.

Les premières heures de la matinée s'écoulèrent encore sans incident notable. De courtes périodes d'égarement s'entremêlaient à la prière toujours ardente et simple. Voici quelques mots recueillis alors par les témoins.

« Mon JÉSUS ! mon bon JÉSUS ! mon JÉSUS bien-aimé ! mon JÉSUS tout aimable

» Je ne veux reconnaître que Notre-Seigneur. Je ne reconnais que Lui, absolument que Lui.

» Mon bon JÉSUS, ayez pitié, ayez encore pitié, oui encore, encore pitié ! » Ce mot *encore* fut accentué de manière à être entendu distinctement de la

chapelle voisine, la porte de communication restant fermée.

Le Frère Infirmier ayant donné quelque chose au
malade : « Oh ! Frère, que vous êtes bon ! — mais
mon JÉSUS est meilleur que vous ; oui, mon JÉSUS. »

Vers huit heures et demie, il se plaignit du froid,
lui qui avait dit peu auparavant : « Je suis dans le feu,
je brûle. » Bientôt la respiration devint bruyante, et
deux lignes noires se dessinèrent sur le visage. La
fin approchait, le Frère le pressentit : « Appelez le
P. Spirituel. Vite, le P. Spirituel ! Vous voyez bien
que je m'en vais. »

Le P. Spirituel arriva bientôt avec le R. P. Recteur
et le P. Ministre. Ce dernier avait une promesse à
tenir, et il annonça de fait au mourant que l'heure
était venue. « Voir le Ciel ! quel bonheur ! » Ce fut
la réponse.

La dernière confession faite, le P. Recteur et le
P. Ministre revinrent auprès du mourant. Il parut
suivre les prières des agonisants, disant seulement
quelquefois : « Je souffre. »

Le Père Spirituel s'approcha alors : « Eh bien ! mon
bon Frère, nous allons voir le Bon DIEU. » — « Oh !
oui, voir DIEU ! quel bonheur ! Aimer DIEU ! Voir
DIEU ! » Ces mots furent répétés bien des fois pendant l'agonie. A ce premier moment, tandis que le
Frère les prononçait, ses yeux bien ouverts regardaient le ciel ; ses mains étaient élevées un peu au-

dessus de sa tête ; il souriait de son plus angélique sourire, et le Père Spirituel disait ensuite n'avoir jamais vu ou imaginé une physionomie aussi céleste.

Puis l'agonie suivit son cours. Le mourant suffoqué était presque assis sur son lit ; ses yeux étaient clos ; le Frère Infirmier lui soutenait la tête avec un mouchoir. Le P. Spirituel continuait de lui suggérer des pensées ou aspirations que le Frère redisait lentement, y joignant çà et là quelques paroles spontanées.

Pour lui faire gagner l'indulgence, on lui présenta son crucifix des vœux, en modifiant légèrement la parole de St Jean Berchmans : « Cum his tribus libenter *morior.* » Il répéta : « libenter *morior.* »

Comme on l'exhortait à la patience, il dit : « Je n'ai pas de patience, je suis un lâche. »

A deux reprises il sembla tenté de frayeur. « La confiance ! la confiance ! Je ne la sens pas. Maudire DIEU !... Oh ! non, c'est impossible. »

— « N'ayez pas peur, lui répondait-on, vos ennemis sont loin. »

— « Oh ! mon Père, ne dites pas cela, ils sont là tout près. »

— « Non, mon Frère, ils sont loin. Marie est là, elle que vous avez invoquée pour cette heure de la mort. »

— « Marie ! ma Mère ! ma Mère !!! »

L'agonisant trouvait par instant la mort lente à

venir. « Mais je ne me sens pas du tout mourir, » dit-il une fois avec un ton d'étonnement naïf, — et encore : « Je redescends sur la terre.» On lui rappelait alors que JÉSUS était resté trois heures en croix. « Oh ! trois heures ! s'écria-t-il. »

Il dit quelque temps après : « JÉSUS, c'est le dernier cri de mon âme ! JÉSUS, c'est le dernier cri de mon âme !... Voir DIEU !... Je ne puis plus parler. »

Sa langue était embarrassée ; il se tut dès lors presque entièrement, tandis que le P. Spirituel lui donnait une dernière absolution et continuait d'invoquer à haute voix JÉSUS et Marie. Enfin les lèvres du mourant s'ouvrirent encore. « JÉSUS, mon tout ! » Ce fut sa dernière parole et il convenait qu'il en fût ainsi : cette parole, était bien l'abrégé de sa vie, le fond de son cœur.

Il eut alors deux râles et, après quelques minutes, il sembla qu'il ne respirait plus. Le P. Recteur commença les prières du rituel. Un léger mouvement de tête du Frère l'arrêta ; l'âme venait de partir.

« Quand cette âme, écrit un Frère, se fut échappée de son corps, comme le parfum du vase brisé par Madeleine aux pieds de JÉSUS, alors se répandit dans toute la communauté une suave édification qui ne disparaîtra pas de longtemps. » Deux philosophes seulement avaient vu la dernière heure ; mais depuis deux mois, tous, philosophes et théologiens,

s'étaient relayés auprès du malade et tous avaient
rendu hommage à tant de vertus simples et fortes.
La mort, en y mettant le sceau, en raviva le souvenir et ce fut alors un mouvement, mieux vaudrait
dire une explosion de vénération universelle.

Le nom de Berchmans était sur toutes les bouches.
Il se trouva que le lendemain, 30 décembre, avait
lieu à Rome la dernière congrégation où fut décidée
la canonisation du jeune Saint. Au scolasticat de
Jersey, comme dans toutes les maisons de la Province et peut-être de la Compagnie, le Saint Sacrement fut exposé à cette heure même, et bien des
adorateurs, passant de la chapelle au lit funèbre du
F. Besnardeau, pensaient et disaient que, grâce à
Dieu, la race des Berchmans n'était pas encore
éteinte. Le lecteur sait déjà que les plus irrécusables
témoins ont autorisé de leur parole ce rapprochement
glorieux.

Le 31, jour des obsèques, on remarqua que le
cercueil faisait face à la crèche d'où le *Bambino* de
cire lui tendait les bras. La rencontre eût paru plus
touchante encore, si tous avaient connu le trait que
j'ai raconté ailleurs, s'ils avaient pu se reporter à
quelque treize ans en arrière, et revoir en idée le
petit enfant de chœur de Sillé recevant à la messe de
minuit la première touche sensible de la grâce, cherchant à se l'expliquer à lui-même et se disant tout à
coup : « Mais c'est le petit Jésus ! »

La tombe du jeune Religieux est pour ses Frères un lieu de pèlerinage. La vénération du premier moment n'a pas décrû ; elle fut au comble quand dans une suite d'entretiens spirituels, le R. P. Recteur lut à la Communauté quelque chose des écrits intimes que j'ai amplement cités dans cette notice. Il y eut là pour le grand nombre comme une seconde révélation complétant celle de la mort. Ceux-là même qui avaient approché de plus près l'auteur, s'expliquèrent mieux l'ensemble de sa manière d'être, et les principes profonds de sa vertu ; car, ainsi que le Supérieur le rappelait avec insistance, il n'avait pas seulement écrit ces belles et saintes choses, il les avait pratiquées.

Plusieurs, et parmi eux des hommes graves, s'estiment redevables de notables faveurs spirituelles à l'intercession du F. Besnardeau. D'après eux, la grâce demandée en son nom se présente quelquefois avec un si heureux concours de circonstances, que le jeune élu semble pratiquer encore du haut du ciel la même délicatesse d'attentions où il excella sur la terre. D'ailleurs, il est resté un apôtre parmi ses Frères et plus d'un trouve lumière et courage dans son souvenir. Mon travail serait amplement béni s'il contribuait à étendre cet apostolat d'outre-tombe.

APPENDICE.

I

Prière à JÉSUS crucifié, pour obtenir la grâce
de bien pratiquer mon élection.

DOMINE Jesu Christe, Deus homo, Rex meus,
qui voluisti pro me flagellis cædi, coronari
spinis, arundine tanquam sceptro insigniri, indu
purpureâ veste, ac demum crucifigi, concede ut
regiam vitæ tuæ viam alacer tandem ingrediar.

Sim pauper effectu et spiritu, quoniam locus esse
tibi non potest in corde meo, nisi vacuum omnino
reperias ;

Pauper, quoniam volo tecum unice conversari et
me ab omni inordinatione subtrahere ;

Pauper, quoniam tu solus dignus es cor meum
possidere ;

Pauper, quia ubi inhabitas, ibi omnia bona afflu-
unt ;

Pauper, quia nihil præter te habens, regnum
cœlorum habebo.

Sim humiliatus tecum, quoniam nihil aliud mereor;

Humiliatus, quoniam tu exemplum dedisti, et sequi te volo ;

Humiliatus, quia sic fuit placitum ante Patrem tuum : infirma et humilia mundi eligere ;

Humiliatus, ut humilia de me sapiam et de te altiora;

Humiliatus, ut meam miseriam despiciens, possim non nisi ad te oculos habere intentos.

Habeam quod patiar, quoniam tu prior passiones et dolores prætulisti ;

Quod patiar, quia verus amator operibus probatur;

Quod patiar, quoniam volo pati et contemni pro te, qui passus es et illusus es pro me.

Hæc omnia secundum tuam majorem gloriam et honorem ; non secundum meam debilitatem et ignaviam, sed secundum tuum amorem et gratiam. Da Passionem animi mei cibum habere ; da Crucem tuam amplecti, et portare ; da in eâ Crucifigi ; da plagarum tuarum sanguine inebriari.

Da nullum, nisi te, diligere posse. Da tecum humiliari, da tecum pati. Da virtutem, da gratiam militi tuo, ut sit insignis in tuo servitio, ut, laborum et cruciatuum tuorum particeps factus, vitam habeat quam tu diligentibus te promisisti. Amen.

16 décembre 1880.

II

Acte de foi pour chaque jour.

1. Credo, Domine, adjuva incredulitatem meam.

2. Credo quia creatus sum ut laudem te, reverear te, tibique reverentiam exhibeam, et per hæc salvem animam meam ; credo quia necesse mihi est, facere et tandem habere me indifferentem erga res creatas omnes.

3. Credo quia tu es Deus justitiæ, repetens ab iniquo pœnas et dans justo gloriam æternam.

4. Credo quia omne bonum quod in me est ex te procedit, et omne malum ex meipso.

5. Credo quia centies infernum merui.

6. Credo quia, sine tuâ gratiâ, nihil sum, nihil agere possum.

7. Credo quod, cum tuâ gratiâ, Xaverius, Ignatius possum fieri.

8. Credo quod tu Deus patiens et multum misericors.

9. Credo quia tu me vis salvum et in æternum beatum.

10. Credo quia, ad salvandum me, Jesum Christum misisti.

11. Credo quod omnes culpæ, quas unquam committere possum, meritis Passionis ejus jam sunt abstersæ.

12. Credo quia cadam multoties.

13. Credo quod antequam expleatur hora, infernum possum mereri.

14. Credo quia tu me vis hilarem ac animo magno et libero laborantem.

15. Credo videre bona Domini in terra viventium.

16. Credo quod Redemptor meus vivit et in novissimo die videbo Dominum in carne mea, ego ipse et non alius.

17. Credo quia caro tua vere est cibus et sanguis tuus vere est potus.

18. Credo quia tu in me manes et ego in te.

19. Credo quia pignus habeo vitæ æternæ.

20. Credo quia Petrus ter te negavit et factus est dux Ecclesiæ.

21. Credo quia Magdalena multum peccavit et multum dilexit, et remissa sunt ei peccata multa.

22. Credo quia Saulus Paulus factus est.

23. Credo quia Augustinus factus est Sanctus.

24. Credo quia possibile est me fieri pejorem illis, æqualem Judæ.

25. Credo quia sanctior illis possum esse.

26. Credo quia tu dixisti : Infirmitas hæc non est ad mortem sed ut glorificetur Filius hominis.

27. Credo quia tu es Christus, Filius Dei vivi, Rex meus et Deus meus.

28. Credo quia quoties cecidero, toties tu me voles resurgere et quietum progredi ulterius.

29. Credo quia, cum cecidero, indignum est stare.

30. Credo quia tu, Jesu, es resurrectio et vita, et omnis qui vivit et credit in te non morietur in æternum.

Traduction du même acte.

1. Je crois, Seigneur ; aidez mon incrédulité.

2. Je crois que je suis créé pour vous louer, vous révérer, vous rendre hommage, et par là sauver mon âme. Je crois qu'il est nécessaire de me mettre et d'arriver à me tenir dans l'indifférence envers toutes les créatures.

3. Je crois que vous êtes le DIEU de justice, punissant le pécheur et donnant au juste la gloire éternelle.

4. Je crois que tout ce qu'il y a de bon en moi procède de vous ; tout ce qu'il y a de mauvais, de moi-même.

5. Je crois que j'ai cent fois mérité l'enfer.

6. Je crois que sans votre grâce je ne suis rien et ne puis rien.

7. Je crois qu'avec votre grâce je puis devenir un Ignace, un Xavier.

8. Je crois que vous êtes le DIEU patient et rempli de miséricorde.

9. Je crois que vous voulez mon salut et mon bonheur éternel.

10. Je crois que pour me sauver vous avez envoyé
Jésus-Christ.

11. Je crois que toutes les fautes où je puis
tomber sont d'avance couvertes par les mérites de
sa Passion.

12. Je crois que je tomberai maintes fois.

13. Je crois qu'avant une heure il peut m'arriver
de mériter l'enfer.

14. Je crois que vous me voulez joyeux, et travail-
lant d'un cœur grand et libéral.

15. Je crois que je verrai les dons du Seigneur
dans la terre des vivants.

16. Je crois que mon Rédempteur vit, et qu'au
dernier jour je verrai le Seigneur des yeux de mon
corps, moi-même en personne.

17. Je crois que votre chair est vraiment une
nourriture, et votre sang vraiment un breuvage.

18. Je crois que vous demeurez en moi, et moi en
vous.

19. Je crois que je possède le gage de la vie éternelle.

20. Je crois que Pierre vous renia trois fois et
devint chef de l'Église.

21. Je crois que Madeleine a beaucoup péché et
beaucoup aimé, et qu'il lui a été beaucoup pardonné.

22. Je crois que Saul est devenu Saint Paul.

23. Je crois qu'Augustin est devenu saint.

24. Je crois que je puis devenir plus coupable qu'eux, l'égal de Judas.

25. Je crois que je puis devenir plus saint qu'eux.

26. Je crois que vous avez dit : cette infirmité n'est pas pour la mort, mais pour la glorification du Fils de l'homme.

27. Je crois que vous êtes le CHRIST, Fils du DIEU vivant, mon Roi et mon DIEU.

28. Je crois que vous voulez me voir après chaque chute me relever, et avancer sans trouble.

29. Je crois qu'après une chute je serais coupable de rester en place.

30. Je crois que vous êtes, ô JÉSUS, la résurrection et la vie ; et que quiconque vit et croit en vous ne mourra point pour l'éternité.

III

Litanies des Saints. Méthode pour les bien réciter.

Toujours oraison préparatoire.

1. Les offrir à une intention fixée (Hérétiques, Infidèles, Missions, la Province, la Compagnie.)

2. Composition de lieu : Le Ciel. Demander à Marie : *ardentem Dei et virtutis amorem, et perseverantiam.*

... ab Angelis — majorem Dei et spiritualium rerum cognitionem et amorem.

... a Patriarchis et Prophetis — fidem, firmamque spem in Deo.

... ab Apostolis — zelum ferventem gloriæ Dei et salutis animarum.

... a Martyribus — fortitudinem ad omnes in Dei famulatu occurrentes difficultates superandas.

... a Doctoribus et Pontificibus : — constans augmentum devotionis in oratione.

... a Confessoribus et Ordinum fundatoribus — constantiam in bono, et observantiam votorum, regularum.

... a Sanctis S. J. — verum spiritum Societatis et in eâ perseverantiam.

... a Virginibus et Viduis — mentis et corporis castitatem angelicam.

3. Me rappeler que c'est — la prière la plus catholique — le seul exercice commun de la Compagnie.

4. Prononcer tout.

5. Lire en résumé les vies des Saints que je ne connais pas encore, afin de savoir bien à qui je m'adresse.

IV.

Pratiques de dévotion envers la Très-Sainte Vierge. A choisir.

1. Parler de son Immaculée Conception. Pour

cela lire un peu quelques livres qui en traitent. Faire promesse d'en parler.

2. Avoir pour lire dans les moments perdus, un livre qui parle d'elle.

3. Ne pas passer une récréation sans prononcer au moins son nom. Une promenade, c'est encore plus facile.

4. En parler plus tard au Catéchisme, en classe.

5. Pour l'honorer, poser des actes des vertus qu'elle a pratiquées.

6. Dire le Petit Office tous les Dimanches, lentement.

7. Tous les samedis, une petite mortification et prière spéciale.

8. Me préparer à l'Immaculée Conception par une neuvaine.

9. Lettres, promesses à la Ste Vierge.

10. Au commencement de chaque action, demander sa bénédiction.

11. Ne rien demander que par elle. Formule possible : Per Christum D. N. et per Mariam Dominam Nostram.

12. Coronæ, 12 privilegiorum Deiparæ Immaculatœ (P. Natal. p. 214).

13. Gaudia Deiparæ Virginis (id. 217).

14. Tributum benedictionum SS. Virgini (id. 220).

15. Duodecim preces, juxta 12 beneficia collata Societati Jesu (id. 222).

16. Flammæ seraphicæ Marianæ (id. 225).

17. Protestationes, et votum (id. 227).

18. Préparer ses fêtes par quelques pénitences.

19. Faire dans toutes les méditations des colloques à la B. V. Marie.

V

Liste des différentes méthodes d'oraison qui me sont accessibles, afin de les voir distinc‑ tement, et d'en acquérir un usage plus facile.

1. Le plus ordinairement, oraisons jaculatoires répétées doucement, en goûtant le sentiment.

Pour les moments de fatigue et même en dehors, méthode de *l'entente*. Par un mot, j'entends une prière.

Sujets.—Pris partout, surtout dans les circonstances du jour : une fête, un départ, une joie, une tristesse, un frère mieux connu, une lumière à obtenir. — Et après cela je reviens à un mystère de Notre Seigneur.

2. Pour finir ou suppléer, ou pour varier la mono‑ tonie, des réflexions douces sur une pensée incidente ou sur un mystère à la suite.

3. Temps de sécheresse.

a. Prières vocales. Chapelet du Sacré-Cœur. Prière plusieurs fois répétée.

b. Dire doucement de temps en temps une affec‑

tion ou prière, au moins des lèvres, avec intention de plaire à DIEU.

c. Me tenir devant DIEU en m'élevant à Lui, par exemple toutes les quatre ou cinq minutes, dans un regard, un mot, un élan du cœur.

Nota. — Un sentiment souvent ne plait qu'à cause de l'impression heureuse ou profonde, ou à cause d'une doctrine qui en prépare le goût, ou à cause d'un fait dont le récit y provoque. Donc m'aider de mes conversations, de mes lectures, et ne pas craindre de rappeler tout cela en méditation. Les sentiments disparates auront pour lien l'impression qu'ils m'ont faite avant la prière, et qui est cause que je les y fais revenir.

VI

Directions diverses.

UNE seule chose importe, après tout, c'est que le Bon DIEU soit satisfait : et cela, je le puis toujours. Si, après cela, je ne puis contenter les autres, même mes Supérieurs que j'aime le plus, même mes frères que je chéris le plus tendrement ; si bien plus, je les gêne involontairement ; si même je les contriste et leur fais de la peine ; pourquoi me troubler ?

Je puis sans doute être confus de ma légèreté

déplorer mon étourderie, mon manque de tact parfois ; mais si j'ai fait mon possible du côté de Dieu
je dois être extrêmement content. Ainsi, si pour la
sacristie, après avoir prié pour être un bon sacristain,
je suis un sacristain médiocre, si je fais tout de tra-
vers, si je gêne le R. P. Maître, que cela me fasse de
la peine, oui ; mais que cela m'ôte ma paix, jamais.

Mais voilà le difficile : faire son possible, le possible
pour la méditation, le possible pour la Sainte Messe,
le possible pour la Communion, le possible pour
l'emploi des temps libres, le possible pour la sacristie ; pas un mouvement de trop, pas un regard de
trop, pas une distraction consentie, pas de grâce non
correspondue ! Oh ! Jésus, voilà le difficile ! Et si
j'étais bien persuadé que c'est bien vous qui en tout
cela agissez en moi, plus que moi, que je ferai tout
si je prie ; que votre grâce fera tout à ma place,
attirée par mes prières : alors je m'anéantirais, je me
jetterais tout dans votre Cœur !

Eh bien, je le fais ! je renouvelle mon élection : je
me détache de tout, je m'anéantis. Contenter Jésus,
et les autres si c'est possible, toujours. Mais Jésus
d'abord ; et si avec Jésus on ne le peut pour les
autres, alors c'est une place faite pour mon 3ᵉ degré :
« vanus et stultus pro Christo. » Donc faire tout
pour Jésus, et si je ne suffis pas aux autres, m'humilier : « Cor humiliatum non despicies. »

Jésus et vous, mon Père, vous me connaissez :

rien que ce qui fait de la peine à JÉSUS n'est capable de m'en faire, à moi. Que la peine que lui font les âmes retentisse donc une bonne fois dans mon cœur; il y a si longtemps que je lui demande !

VII

Consécration solennelle à la Très Ste Vierge.

8 décembre 1880.

O MA bonne Mère Marie, Mère de DIEU, toujours Vierge, pure dès le premier instant de votre conception, moi, votre indigne serviteur, mais votre enfant chéri, je vous aime. Et parce que je vous aime, je me donne à vous. Recevez donc mon offrande. Je vous donne mon âme, pour que vous la preniez comme votre possession et que vous l'enrichissiez de toutes les vertus ; mon corps pour que, au nom de votre Immaculée Conception, vous le gardiez toujours pur ; mon cœur, afin qu'il ne batte que pour vous, et que vous le rendiez semblable au vôtre ; mes yeux, pour qu'ils vous voient souvent et qu'ils ne voient que des choses dignes de vous; mes oreilles pour qu'elles vous entendent et n'entendent que des choses dignes de vous ; ma bouche, pour qu'elle vous loue ; tout ce que je suis, tout ce que j'ai, pour que vous en fassiez tout ce que vous voudrez. Or vous êtes si bonne que tout ce que vous voudrez sera ce que je veux.

Je viens à vous aujourd'hui comme un enfant vient à sa mère pour lui souhaiter sa fête et la féliciter. Vous êtes toute pure et toute belle, je vous en félicite, ma Mère bien-aimée et vous supplie d'avoir pour agréable mon amour et mes félicitations.

Je me donne à vous pour toujours ; que cette consécration soit un jour dont je me souvienne toujours avec joie, une consécration qui assure le reste de ma vie, qui assure ma persévérance dans la Compagnie ici-bas, afin de vous voir plus tard. Car c'est un des motifs pour lesquels je veux me consacrer solennellement à vous : il est intéressé, mais bien légitime, car à quoi servirait de vous aimer si je ne vous aime pas bien, si je ne vous aime pas toujours ?

Donc c'est pour ma persévérance que je viens vous implorer, ma bonne Mère : j'ai la vocation, je la vois, je l'aime. Si j'avais le malheur de la perdre, et surtout par ma faute ! Oh ! non. Jamais cela ne m'arrivera, vous me l'avez prouvé cent fois. Je vous aime trop pour cela.

Après ma persévérance, c'est ma perfection, qui consiste à ce que je fasse toujours la volonté de votre divin Fils sur moi. Vous m'accorderez deux choses, n'est-ce pas, ma bonne Mère ? d'abord que je fasse toujours tout mon possible pour me distinguer au service de votre Fils, par la pratique de mon élection et du 3ᵉ degré d'humilité, et qu'après cela, et même s'il m'arrivait, ce que je ne veux pas, de ne pas le faire, d'être toujours content de ce que votre JÉSUS me donnera par vos mains, de consolations, ou de sainteté.

Enfin, le 3ᵉ motif, le premier de tous, puisqu'il a amené les deux autres, c'est l'attrait que je sens de me donner tout à vous. Je suis heureux aussi, je suis bien content de le faire.

Vous dire que je vous aime, que je veux vous le prouver, c'est tout. Reine du Cœur de JÉSUS, augmentez cet amour, fortifiez, fortifiez surtout cette volonté et que je sois généreux. Ainsi soit-il.

VIII

Triple offrande.

O BON JÉSUS, qui êtes si aimable et si bienfaisant, je veux vous aimer ; et pour vous le prouver, je m'offre à vous en holocauste d'amour, en victime expiatrice et en instrument de votre gloire, afin que ce présent quelque petit qu'il soit, venant du fond de mon cœur, vous décide, ô mon Bien-aimé, à vous faire aimer de moi réellement et parfaitement.

Aimons-nous enfin ! que je sois consumé de votre amour ! que je ne doute plus de vous ! que je me

trouve volontiers loin de vous pour l'amour de vous,
Époux tout aimable de mon âme. L'union est plus
grande alors que je la sens le moins.

En m'offrant en holocauste d'amour, j'entends
que cet amour soit un feu qui détruise tout le do-
maine que j'ai sur moi, en sorte que je serai votre
bien en propre, comme l'épouse l'est de l'époux,
comme votre corps l'était de vous-même, comme
vous-même, mon JÉSUS, l'étiez de DIEU. Je vous
établis maître absolu, despotique, jaloux, de toutes
mes puissances, de ma mémoire, de mon entendement, de ma volonté. Tout ce que j'ai ou que je possède, vous me l'avez donné : je vous le rends tout
entier, et le livre à votre volonté pour le gouverner.
Votre amour seul, seul, et votre grâce, c'est ce que
je vous supplie de me donner, et je suis assez riche,
et je ne demande rien de plus.

En m'offrant en victime expiatrice, je m'offre à
porter en mon âme, en mon corps, les peines de
telles offenses que vous voudrez, mon DIEU. Je
m'offre à être un nouveau JÉSUS qui expie, autant
que possible, tous les péchés du monde. Je m'offre à
demeurer comme Il fut au jardin, sa volonté à vous,
et tout le reste contre vous.

En m'offrant pour être l'instrument de vos desseins, je me mets à votre disposition, comme l'outil
dans la main de l'ouvrier, mais, comme un outil
intelligent, qui demande le travail pour la gloire de

son Maître, qui demande l'activité efficace, soit dans l'inertie apparente, soit dans l'exercice même du zèle.

Mais que soit faite avant tout la volonté de JÉSUS. Oui, bon JÉSUS, vous sondez le plus profond des cœurs ; vous jugez clairement la force et le courage de vos serviteurs. C'est parce que je m'y suis cru appelé par votre grâce que je vous ai fait cette offrande. Si, à vos yeux, elle était téméraire, et au-dessus de mes forces, et des grâces que j'ai droit d'attendre de vous, si vous ne vouliez point me la demander, ô JÉSUS, alors je vous supplie de l'agréer comme un simple acte d'amour.

30 avril 1882.
Patronage de Saint-Joseph.

IX

Élection ou programme de vie spirituelle. — L'abandon à JÉSUS — Première forme. (1882.)

MON JÉSUS, je veux m'abandonner amoureusement à votre volonté.

Je suis vaniteux : j'aime à me connaître et à me voir courtisé, apprécié : je prends plaisir à m'apprécier moi-même. Tous ces retours sur moi, je m'en dessaisis et je vous les abandonne, ô mon seul honneur et ma seule gloire.

J'ai besoin d'être et de me sentir aimé par les créatures ; moi-même je me sens attiré vers elles. Ces saillies de mon cœur vers tout ce qui n'est pas vous, je vous les abandonne. Mon temps, les petites passions qui me conseilleraient d'en user en propriétaire, je vous les abandonne.

Je suis faible de nature : beaucoup de choses généreuses me sont interdites à cause de ma faiblesse, et pourtant je pousse mes désirs si loin ! Tous ces désirs inassouvis, ô JÉSUS, je vous les abandonne.

Mon passé, les regrets qu'il m'inspire, les doutes qu'il me donne, et les scrupules et la pusillanimité qu'il me donnerait, ô mon JÉSUS, tout cela encore, je vous l'abandonne.

Mon avenir avec ses incertitudes, ses appréhensions, ses succès peut-être, je vous l'abandonne.

Ma sainteté, ma perfection plus ou moins haute ; mes petites lâchetés, que je déplore d'avance ; ma science ou mon ignorance ; les victoires plus ou moins décisives sur mes défauts, sur mon orgueil : — tout cela, ô bon JÉSUS, je vous l'abandonne.

Mes consolations ou mes désolations, mes claires vues et mes obscurités, mes tâtonnements, mes moments d'aveuglement complet, de tentation : je vous les abandonne.

Les tentations que j'ai de me défier, de désespérer, de ne pas me livrer, je vous les abandonne.

Je suis devant vous, ô mon unique Amour, comme

un esclave sur lequel vous avez droit de vie et de mort, mais qui s'estime heureux d'être sous votre main.

Je ne sais qu'une chose : c'est que nous nous aimerons toujours : vous avez signé votre parole infaillible avec votre sang ; moi j'ai appuyé ma promesse, chancelante si elle était seule, sur votre grâce et votre amour.

Et je ne veux qu'une chose : votre volonté. Je sais qu'elle est toute d'amour, et toute puissante, et tout infaillible ; qu'elle se fasse donc ! Que je m'en sente heureux ou non, j'en serai toujours content par ma volonté à moi. Ma volonté sera toujours faite car c'est la vôtre.

Je n'ai donc plus de désir que votre volonté. Pourtant j'en ai un qui la prévient ; je veux souffrir pour vous, et travailler pour vous. Si je ne souffre pas, si je ne travaille pas, à quoi, ô mon JÉSUS, vous serai-je bon sur la terre ? Souffrir surtout, car souffrir est efficace. Pourquoi avoir la douceur de votre amour, quand vous, mon JÉSUS, vous n'avez eu que l'amertume du mien ? Je veux faire comme vous, à cause de vous. — *Quæ placita sunt ei facio semper. Christus non sibi placuit.* — Après, j'aurai l'éternité pour jouir de vous !..

Je me suis tout abdiqué entre vos mains : je sais que vous m'aimez. Faites, mon JÉSUS, que je n'en doute plus jamais et que je sois fidèle à votre tendre prédilection pour moi, me souvenant toujours que celui que vous enrichissez de vos dons, serait sans eux, depuis longtemps, et pour l'éternité, un damné dans l'enfer.

Diligentibus Deum omnia cooperantur in bonum.
Amanti sapit Jesus super omnia.
In Deo, super omnia bona et dona, requiescendum est.
Mihi autem absit gloriari, nisi in cruce Dᵘⁱ N. J. C.
Non quæro meam gloriam, sed ejus qui misit me.
Non sum amplius meus, sed res Domini Jesu et omnium.
Intrare cum animo magno et liberalitate... (5ᵉ Ann.)
Deo de omnibus rebus benedicendum et gratias agendum.
Quærere in exemplis Domini voluntatem divinam.
Omnia grato animo, omnia subridendo, omnia cum Jesu.

Motifs que j'ai d'embrasser cette élection.

1º Un attrait surnaturel qui m'y pousse, comme au meilleur moyen de favoriser les desseins de la grâce de DIEU sur moi ; attrait qui est l'aboutissement de toutes les grâces reçues cette année, grâces qui me poussent toutes à faire abnégation de moi-même entre les mains de JÉSUS ; attrait qui me fait pratiquer de fait cette élection depuis quelques mois, avec une grande dilatation de cœur et un grand entrain surnaturel.

2º Elle répond parfaitement au besoin de mon âme,

car c'est par des manques de confiance qu'ordinairement ma marche vers Dieu est retardée.

3°Elle est un excellent remède contre mes défauts: vanité subtile, saillies du cœur vers les créatures.

Moyens de la pratiquer.

1° La relire tous les mois, à la revue mensuelle.

2° Renouveler le plus souvent possible la disposition de mon élection, en prononçant le Saint Nom de mon Jésus.

3° Surtout vivre dans la pensée habituelle que, n'ayant plus droit sur moi par suite de mon abandon, je dois chercher sans inquiétude, aimer et pratiquer la volonté de Jésus, comme lui celle de son Père. *Christus non sibi placuit.*

Examen particulier.

Ai-je cherché mon plaisir, la satisfaction de ma vanité, de mon cœur, — et non la volonté de Jésus ? — L'ai-je accomplie négligemment ?

X

Élection. — L'abandon à Jésus. — Seconde forme (1883).

L'Abandon est la dernière forme de l'obéissance au sein de la famille. Celui à qui l'on obéit est le Frère aîné, Jésus, résidant dans le tabernacle ; de là il inspire et fait parler pour lui les Supérieurs, la règle, les commandements, les nécessités, le bon ange, la conscience de celui qui s'abandonne. Voix de JÉSUS des quatre coins de la création. L'attitude de l'âme abandonnée est celle de l'enfant qui épie un signe de son père ou de sa mère, ou bien, ce qui existe ici, de son Frère devenu son bon Maître, son Père, sa Mère, et tout, tandis qu'il est dans l'attente de l'autre vie. *Ego ero illi*, etc...

L'âme n'a qu'un désir : obéir, se laisser dire, se laisser faire, ne rien vouloir d'elle-même : Marie de la Bouillerie avec sa mère. L'abandon est tout là : elle fait acte, — à chaque fois qu'elle s'offre à l'œuvre, qu'elle visite JÉSUS et lui parle, qu'elle agit pour JÉSUS, — de se déposséder d'elle-même ; elle cède à chaque instant à JÉSUS la propriété de sa liberté et de ses aspirations. Elle est pour ainsi dire, tout entière passée en dehors d'elle-même. C'est une tendance à dépendre de JÉSUS par l'identification avec lui, comme l'humanité de JÉSUS, unie à la divinité, en dépendait.

JÉSUS, quelle âme abandonnée ! On n'y pense pas, mais c'est vrai : comme étant unie à la divinité, elle commandait ; comme âme humaine, elle disait cet « ita Pater », qui constitue l'abandon. Quel sujet à méditer ! JÉSUS obéissait à son Père comme j'ai obéi au mien. Il n'avait pas dans son abandon, cette abnégation du mal que nous faisons, nous qui y sommes portés : « ita Pater » oui, mon Père, parce que le contraire serait péché. Mais il avait ce bienheureux abandon par lequel on immole ce que l'on veut, pour vouloir ce que veut un autre ; ce qui plairait à la nature, pour faire ce qu'aime un autre : « verum tamen non mea voluntas. » — « Pono eam a meipso... Hoc mandatum accepi a Patre meo » ; pour agir parce qu'un autre l'a voulu.

Quelle activité dans cet abandon ! L'abandon est essentiellement là : faire rien que ce que veut JÉSUS, c'est-à-dire se dépouiller dans l'action de la propriété de la volonté. Donc l'abandon est dans la prière ; il est dans le travail, dans l'exercice, la récréation, la réfection du corps. Tout cela est abandon, parce que je dis : « Quoniam sic placitum ante te. »

Que de désirs, que d'activité intérieure dans l'abandon ! Désir de la volonté à venir de JÉSUS, désir que la volonté de JÉSUS nous coûte, parce que cela donnera matière à un abandon plus formel. Désirs de souffrances, désirs d'humiliations, de tout ce qui contrarie la volonté propriétaire d'elle-même : cela pour ressembler à JÉSUS, pour rendre à JÉSUS, — tous actes d'abdication personnelle. L'abandon est, je le vois, le dernier pas qui précède l'union : l'union, dans l'âme abandonnée, est faite en tous les points où elle peut se faire. Vienne la mort, le voile du corps tombe : l'âme est surprise de voir où elle en était, combien elle ne faisait qu'un avec JÉSUS.

Quel progrès possible dans l'abandon ? d'abord il faut s'abandonner en tout ; là déjà, progrès, et grand progrès à faire. L'indolence, la demi-volonté de se renoncer font perdre tant de terrain ! C'est honteux, alors surtout que tout est par ailleurs facile, et que cette victoire même serait facile à obtenir. — De plus il faut s'abandonner largement, grandement, intensément. Si je dis l'« ita Pater » comme Notre-Seigneur, toutes les fois qu'il le faudra, l'aurai-je dit pour cela avec le cœur qu'y mettait Notre-Seigneur ? Y aurai-je mis l'amour qu'il y mettait ? C'est par la prière et l'énergie calme que cette intensité s'acquiert.

L'abandon ouvre tout champ à l'initiative, la seule vraie initiative, celle d'agir pour DIEU. Il détourne l'homme de la vie personnelle, pour le lancer dans la voie de DIEU. La machine lancée sur ses rails est dans la main du conducteur. Mais, même retenue, comme on sent que sa force est grande ! Quels bouillons de vapeurs ! Mais aussi une fois lancée, quelle puissance ! Le conducteur ne l'anéantit pas : il l'utilise en proportion des besoins. Ainsi, ô JÉSUS, faites de moi ce que veulent vos intérêts ! J'aurai, en plus de ce qu'a une machine inerte, la familiarité, l'audace de me proposer toujours pour quelque chose de nouveau, au moins de désirer toujours ce que je sais être préféré de votre Cœur, et cela pour vous ressembler, pour vous rendre.

Pour le présent, vivre par l'esprit dans ma vraie famille surnaturelle ; y voir JÉSUS ordonnant, ou simplement faisant signe ; courir à l'exécution en disant avec beaucoup d'amour : « Ita Frater.» Pour l'avenir, désirer ce qui plaît davantage à JÉSUS. Toujours imiter, rendre en obéissant, en m'abandonnant.

(5 sept. 1883. 6ᵉ jour de la Retraite.)

XI

Élection. — L'Abandon à JÉSUS. — Forme défi-nitive (1884).

MON JÉSUS, ayez pitié de moi et aidez-moi à écrire cette élection. Elle est bonne ; je veux la garder toujours à moins de circonstances extra-ordinaires ; tel est l'avis de mon Père Maître qui me connaît bien, sous les yeux de qui j'ai passé cinq ans. Je l'ai déjà pratiquée deux ans, et après la première de ces deux années, le Révérend Père Recteur me disait de ne jamais y rien changer. Avant-hier pourtant, et le jour d'avant, par une illusion envoyée du démon, je crus, et cela avec beaucoup de plaisir et une certaine paix, que je devais prendre pour vertu d'élection la *décision*, parce que la plupart de mes manquements de cette année venaient précisément de mon indécision. Mais le

Révérend Père Recteur me l'a montré, une telle
élection, étant donné mes tendances à une certaine
minutie, aurait fait de moi, au bout de peu de temps
une vraie machine, un cœur petit, mesquin ; elle
m'aurait enlevé la meilleure partie de moi-même,
anéanti, étouffé. J'ai donc renoncé, — et facilement,
car je comprenais, — à cette élection inspirée par le
démon.—De plus, hier, jour où je devais commencer
de rédiger celle-ci d'une façon définitive, le démon
tenta encore, par des distractions, de m'enlever le
recueillement et la générosité nécessaires. J'ai com-
battu assez bien. J'ai encore attendu, uniquement
par prudence. Ce matin au moment de commencer,
bien que voyant clairement ce que j'ai à écrire, je
me trouve sans vigueur dans l'esprit, gêné, incertain.
Encore une attaque du démon. Enfin je me décide,
mon bon Maître, à écrire tout comme je le pourrai,
aidé de votre grâce ; ce sera parfois incorrect, mais
un brouillon étoufferait tout mon élan : j'écris selon
que mon cœur m'inspire. D'ailleurs je suis content,
pour vous, mon JÉSUS, que cette rédaction porte
son caractère d'impuissance ; mon cœur reste au
large, et rentre peu à peu dans la paix. Serait-ce ce
dernier sacrifice qui me la donne ? Quoi qu'il en soit,
ô JÉSUS, votre enfant veut faire ce qu'il pourra,
pendant le temps que cette rédaction lui demandera·
J'ai noté tous ces détails parce qu'ils me semblent
utiles : ils montrent sur mon élection votre appro-

bation souveraine. Elle a coûté , donc elle est de vous.

Je note encore les circonstances de date où je l'écris. Nous sommes en retraite. C'est aujourd'hui le sixième jour ; ce matin se faisait la méditation du Jardin. Bonne retraite ! oui, bonne de toute façon. Précédée d'un temps de sacrifices, les vacances ; assez généreuse elle-même, — du moins j'en ai confiance,— elle est de plus, bien douce pour mon cœur : c'est ma dernière à Aberdovey et sous les yeux de mon Père Maître, la dernière qui sera faite dans cette bénie maison ! Merci, mon bon JÉSUS, merci pour moi et pour tous mes frères, pour la Compagnie, de ces années passées dans la Maison de la charité. Une année à Angers, quatre ici : cinq années de Paradis. Merci, mon bon Maître !

La seule histoire de cette élection prouve déjà assez en sa faveur ; elle a l'approbation de DIEU, du Révérend Père Recteur et du temps. C'est qu'à y réfléchir, elle convient très bien à ma nature. Faible, il me faut une voie douce. Subtil et trop porté à des retours sur moi-même, il me faut une spiritualité qui me mette au large. Aimant, il me faut une spiritualité débordante d'amour. Merci, mon JÉSUS, de votre secours qui m'aide à exprimer bien ma pensée. C'est vous qui me dictez, j'en ai confiance.

Je veux donc, mon JÉSUS, pratiquer un parfait

abandon ; je veux me remettre à chaque instant
entre vos mains, m'abdiquer moi-même, me quitter
moi-même, faire abnégation de tout souci et même
de tout plaisir actuel. C'est là l'élection que je choisis,
le point précis que je veux obtenir en vue de mon
salut et de ma perfection. Mais je le poursuis d'une
façon indirecte, comme le semeur a en vue la mois-
son qui poussera dans un avenir plus ou moins prochain, comme le jardinier qui arrose les racines
a en vue la fleur qui va éclore. Ce que je poursuivrai
dans l'ordre des faits, la préoccupation constante de
mes journées sera ce qui doit produire ce parfait
abandon : la vie avec Notre Seigneur par la pensée
et par le cœur. J'aviverai en moi cette vie, d'où
l'abandon nait comme une fleur de sa tige. Comme
d'ailleurs ce que je veux en fin de compte est l'éclo-
sion de cette belle fleur, qui réjouit les yeux de
Dieu, je constaterai à sa plus ou moins grande
beauté, à certains moments seulement, si j'en prends
assez de soin, si je l'entretiens, si je l'arrose assez.
Ces moments seront les examens et les revues ; je re-
garderai alors les fleurs, sans vanité, mais comme le
jardinier qui travaille pour le compte de son maître.
A vous, mon Jésus, de vous en réjouir ; pour moi je
me réjouirai de vous avoir contenté, ou je me repen-
tirai, s'il le faut, de mes négligences, et je vous demanderai de nouvelles forces, de nouveaux instruments,
de nouveaux matériaux pour continuer la culture.

I

Quelle est cette vie du cœur que je veux entre-tenir ? C'est la pensée familière et affectueuse de Notre Seigneur. *Dominus a dextris et a sinistris. — Providere Jesum in conspectu meo semper.* Oui, mon JÉSUS, penser à vous dans mon cœur ; penser dans le cœur, ces mots disent bien ce que je veux. On pense dans l'intelligence et la mémoire ; moi je veux penser dans le cœur ; c'est-à-dire que cette simple pensée qui, en se produisant dans l'intelli-gence, ne produit pas d'autre effet que de faire connaître, je veux la faire saisir par mon cœur, qui la traite comme un dissolvant traite un métal, la retourne, la décompose, s'en nourrisse, la transforme en lui. Penser dans le cœur, c'est utiliser une pensée par le cœur.

Sous quelles formes, mon JÉSUS, vous rappellerai-je en ma pensée ? Sous toutes les formes que vous pouvez prendre pour y entrer. Trois mots disent ce que j'embrasse dans cette expression : toutes les formes. JÉSUS dans le passé, JÉSUS dans le présent, JÉSUS dans l'avenir. Ces mots parlent d'eux mêmes. Dans le passé, c'est le Verbe dans l'éternité. Le Verbe incarné, vivant, mort. Les hommes sans lui : l'antiquité ; les hommes avec lui : l'Église. Dans le présent, c'est tout ce que je suis, tout ce que je sais, tout ce que je connais en tant qu'ayant rapport avec

JÉSUS ; les sacrements, la vie surnaturelle, l'Église
de ce moment, la société qui me touche, mes Frères,
mes Supérieurs, les événements de tout genre. Dans
l'avenir, c'est l'avenir lui-même, avec sa part de cer-
titudes, sa part d'incertitudes, avec le ciel et l'enfer
éternels. — Or toute chose touche à JÉSUS d'une ou
de plusieurs de ces façons : elle vit de sa vie, de sa
grâce, — ce sont les âmes saintes sur la terre et au
ciel; elle pourrait vivre de sa vie, — les pécheurs et
les infidèles à convertir ; elle sert à en faire vivre, —
toute la création inintelligente et toutes ses situa-
tions possibles.

De toutes ces formes que vous pourrez prendre
pour vous montrer à moi, mon JÉSUS, la préférée
sera toujours celle de votre vie sur la terre, en Palestine, et dans tous les tabernacles.

Premier aspect : JÉSUS Chef de la famille surnaturelle.

Mais quelles que soient ces formes différentes
selon les moments, passés, présents ou à venir,
je veux toujours vous voir tel que vous êtes, mon
JÉSUS, comme le centre et le nœud de la famille
surnaturelle où je suis entré à mon baptême.
Cette famille est la parenté de tous ceux qui vivent
de votre vie, de la vie divine, DIEU et hommes.
Salut et grâce à vous, Sainte Trinité ; à vous, Saint

Esprit, dont l'opération est le toucher de DIEU ; à vous Marie ; à vous, Saints Anges ; à vous, Saints et Saintes qui êtes arrivés là-haut ; à vous, hommes mes frères, qui que vous soyez, qui êtes dans la grâce de JÉSUS. Salut aussi à vous, qui demandez à l'obtenir. Gloire à DIEU en vous tous, et dans la création entière, laquelle sert à la communication de cette grâce, de près ou de loin, depuis la créature qui me blesse et me fait faire un sacrifice, jusqu'à l'eau qui me baptise. — Voilà donc *ma* famille.

Or ce sont les mérites de JÉSUS qui m'obtiennent le sang de la race, la grâce, sa grâce qui est sa vie, faite par lui, envoyée par lui, appliquée par lui et son Saint Esprit. M'approcher de JÉSUS, être en relation avec JÉSUS, comme un rayon avec son centre, c'est donc être en relation avec tous les autres rayons qui en partent ; m'attacher à lui, c'est donc me lier par un nœud à tous ceux qui partagent sa vie. O JÉSUS, que vous êtes beau et libéral ! Comme je ne suis point seul, ni pauvre, ni petit, quand, m'attachant à vous par la pensée et l'amour, je me représente bien ce que vous êtes en vérité ! JÉSUS, ce n'est point un seul homme, c'est une famille, c'est la création. JÉSUS est comme un fils qui ne sort point, et qu'on ne trouve jamais qu'en famille, avec son père, sa mère et ses frères, il peut dire là encore à celui qui se présente à lui : *Ego ero illi et pater et mater et soror, et uxor*, etc...

Second aspect : JÉSUS Époux.

Ainsi, Jésus ne va jamais seul. Pourtant lui-même, en sa personne, lui, cette partie de la famille, qu'est-il pour moi, et quel est le mot par lequel je le nommerais, si, ne sachant pas son nom, je connaissais cependant ses rapports avec moi ? Quel est la forme commune de toutes ses manifestations ? c'est la forme d'*époux* ; son nom est époux. *Ecce sponsus venit, exite obviam ei.* Oui ; voilà le nom de chacune de ses visites : visite nuptiale.

Oh ! mon Maître bien-aimé, vous me voyez, vous me comprenez. Accordez à cette pauvre âme que vous aimez la permission de goûter, — en restant réservée et humble, — de goûter beaucoup, passionnément, la douceur de ce saint mariage ! Vous m'avez donné, autrefois, à cette pensée, des consolations inconnues. Elles sont encore bien au-dessous des ravissements où devrait se fondre un cœur d'homme, s'il voyait clairement vos condescendances et vos libéralités. Je vous demande, ô mon Jésus, plutôt que de nouvelles consolations, l'accomplissement de votre volonté sur moi. Cette union de deux époux dure toujours ; sa douceur, depuis bien des années que j'ai été baptisé, ne m'est apparue que quelques mois. Si vous le voulez, bon Maître, gardez le reste de ces joies pour l'éternité. En vertu de mon élection, je vous dois abandon là-dessus comme sur le reste

Mais si je ne la sens pas, que l'union dure. Donnez-vous à moi, époux bien-aimé ; donnez tout, donnez comme un jaloux qui veut forcer un cœur indifférent. Frère, qui m'êtes en même temps chef et époux, je n'ai aucun bien que par vous ; notre union est ma seule richesse.

Troisième aspect : JÉSUS pensant à moi.

Mais pour que votre pensée me soit encore plus douce, je songerai, ô mon JÉSUS, que lorsque vous faisiez telle et telle action de votre vie, vous teniez votre intention fixée sur moi. Vous êtes allé à votre Passion, vous êtes mort pour mes péchés : *Tradidit semetipsum pro me. — Ob peccata mea Dominus eat ad Passionem* (Exercices). Et dans chacune de vos actions que je devais connaître, et que je devais méditer, vous pensiez au bien que je devais en retirer. Cela est sûr, parce que vous êtes infiniment sage. Ainsi, dans votre cœur d'homme, — quelle jouissance infinie ! — vous pensiez à moi en disant : *Ecce Mater tua. Nolite solliciti esse in crastinum*, et d'autres paroles encore. Et lorsque par votre Saint Esprit vous inspiriez le texte de l'Evangile, vous pensiez à moi en faisant écrire ces mots du cœur : *Ecce quem amas infirmatur.* Vous avez fait encore plus ; vous vouliez encore, par vos paroles et vos exemples, me faire bien plus de bien que je n'en ai recueilli ; mais ma faiblesse et mes péchés m'en ont empêché.

Je puis contempler quelque chose d'encore plus grand ; dans chacun des événements qui ont quelque contre-coup dans ma vie, je puis me dire : « Du haut du ciel, Jésus pense à moi. » Ici il voulait obtenir de moi une action de grâces, quand il faisait ce don à un de ses serviteurs ; ici il voulait provoquer dans mon cœur tel ou tel sentiment, d'attachement à l'Église, de répulsion pour le mal, lorsqu'il amenait tel homme, telle société même à faire ceci ou cela. Je n'ai pas été la cause première, la plus importante ; mais Jésus pensait à moi. Oui, car à tout événement, à toute inspiration, à tout changement qui doit avoir la moindre influence sur ses élus, Jésus, au moment de mettre les choses humaines en branle, pense séparément, distinctement, bien qu'à la fois, à tous et à chacun d'eux. Cela est de sa sagesse et de sa toute puissance. — Bien plus encore : à chaque instant de ma vie, Jésus a devant les yeux le plan de mon salut et de ma sanctification, et je puis me dire que toute ma vie, dans tous ses plus petits détails, est sans cesse présente à la pensée actuelle de Jésus.

Mais mon esprit se perd à contempler de trop près et trop longtemps la part spéciale que j'ai moi, pauvre pécheur, dans les desseins de mon Jésus. Qu'au moins, — cela suffit, — je puisse me dire, le

moment venu, ce que le P. X*** dit des afflictions :
Toute pensée actuelle qui me rappelle JÉSUS...
« m'arrive envoyée par le cœur de JÉSUS, chargée de
» ses bénédictions, tout enveloppée de sa volonté,
» tout empourprée de son sang, toute pénétrée de
» sa tendresse ; elle me dit : Je descends de l'Amour,
» et je remonte à l'Amour : veux-tu me recevoir avec
» dilection, et par moi et avec moi remonter à l'A-
» mour ? » Voilà bien, mon JÉSUS, ce qu'il faut, pour
occuper mon cœur : recevoir comme venant de vous
et voulue de vous toute pensée qui vous rappelle à
moi.

Remarques et moyens pratiques.

Un mot sur le travail que doit opérer dans mon
cœur cette pensée de JÉSUS habituellement entre-
tenue. Je l'ai déjà dit presque assez clairement. Une
parole de Saint Ignace dit tout le reste, ou mieux,
résume tout : La pensée de Notre Seigneur me le
fera connaître, aimer et imiter. Mais avant la connaissance, la leçon donnée, je fais passer cette espèce
de reconnaissance mutuelle, ce plaisir de se retrouver, lorsque l'âme, après un temps, a le loisir de s'occuper de nouveau de son Bien-aimé. C'est un salut
affectueux, un sourire de l'âme échangé. Après cela,
la plupart du temps, l'âme se recueille, se compose,
prend son attitude de disciple ou de suppliante : elle

prie ou elle réfléchit. Elle avait toute prête, la pensée, la prière ou la réflexion, qu'elle devait apporter devant JÉSUS ; si elle réfléchit, elle est là, assise comme Marie, répétant avec affection la vérité qu'elle a entendue, plutôt que la sondant par la réflexion. Je m'imagine Marie, devant le Seigneur, assise sur ses talons, ruminant, pour ainsi dire, ces oracles « *Optimam partem elegit... Optimam partem elegit...* » Si l'âme prie, son attitude est tout humble et confiante : c'est l'aveugle, au coin de la route, à genoux, les mains jointes et penchées, disant : «*Jesu præceptor, miserere nostri.* »

C'est au milieu de ces salutations affectueuses, de ces invocations et de ces méditations familières que s'acquièrent la connaissance et l'amour. C'est comme un repas léger qui éveille, rend dispos, et peu à peu donne de grandes forces. Ainsi ce commerce intime avec JÉSUS prépare, par la connaissance et l'amour, l'imitation, les actes, c'est-à-dire, pour moi l'abandon. La tige donne sa fleur. Je vais essayer de dire comme je la veux, après avoir inventorié les instruments et les méthodes dont je compte m'aider pour amener l'eau qui arrose ses racines.

Nous sommes deux, qui concourons pour mettre en mon cœur la pensée vivifiante de JÉSUS : JÉSUS, et moi. Mais JÉSUS ne donne sa grâce que si je la demande. O mon bon JÉSUS, je le sais mieux, à la fin de cette retraite-ci. Je me suis aidé un peu par la générosité, beaucoup plus par la prière ; et voilà, j'en suis sûr, la cause de cette bonne santé de mon âme pendant ces huit jours.

Je vous prierai donc, mon JÉSUS. A la visite du lever, je vous offrirai la pratique de mon élection ; je vous dirai : « Je veux, moyennant votre grâce. » — A dix heures, je vous rappellerai que je veux vivre hors de moi, en vous. Voilà les deux seules prières fixes ; d'autres viendront souvent dans la journée selon les inspirations, qui vous demanderont pour moi, au moins implicitement, une grâce abondante allant à me rappeler votre pensée.

Mais j'agirai aussi. Le matin, à la fin de ma récollection de méditation, je me fixerai une composition de lieu où vous serez, mon JÉSUS, vous ou quelque autre de la *famille*. Je choisirai en même temps un mot bien court, à répéter quand besoin sera, — une invocation courte, ou une pensée, — une prière ou une réflexion, comme je le disais plus haut. — Je me rappellerai cette composition de lieu, en repassant par le cœur le petit mot, d'abord à la fin de toutes mes visites, puis dans toutes mes allées et venues. Je note, en passant, que ce sera là un parfait moyen d'éviter l'empressement naturel et l'emportement de la passion.

Le moyen est petit. Mais tout mon avenir surnaturel est là.

Pourtant, il faut que je me mette dans le vrai. Il arrivera, — c'est clair, — que je négligerai ma pratique pendant des jours entiers ; non pas des mois. — Nous avons les revues de la semaine et du mois pour nous rétablir dans la voie ; — mais des jours entiers; et qui sait ? des semaines ! — Mon JÉSUS, je suis si faible ! Il arrivera que, même si je suis fidèle à ma résolution, elle ne me donnera aucune consolation, pas même la paix douce, mais me laissera dans la paix de glace, où le cœur est comme oppressé, tout comme un vase fermé que la glace va faire éclater. Alors, rien n'est perdu ; s'il me reste en prévision une revue prochaine, ou un triduum, ou une retraite, pour me retremper ; — si avec cela, d'une volonté ferme, et malgré les distractions, je pose bien, aux moments lucides, que je ne renonce nullement à la tendance, si le principe est sauf, — tout est sauf.

Mon bon Maitre, comme je vous dois être reconnaissant ! les moyens dont je me fixe l'emploi, ou bien ne sont autres que des exercices de règle : occuper mon temps aux visites du Saint Sacrement, prévoir à l'examen ; — ou bien sont déjà des habitudes toutes simples, déjà prises, ou qui ont de bons germes : petites prières, penser à vous dans les allées et venues. Pour ces dernières, tout en étant moins sévère, à cause de la difficulté, je serai exigeant, parce que là aucune autre pensée n'a droit de me solliciter.

J'oubliais de spécifier, au compte des forces que

j'aurai, cette force, œuvre de Notre Seigneur plutôt que de moi, qui viendra de mon élection bien remplie, d'un bon acte d'abandon. L'abandon est déjà un profit net ; mais il s'ajoute au capital, et fructifie davantage. C'est encore la fleur, mais la fleur qui naîtrait avec sa goutte de rosée ; la goutte tomberait sur ses racines pour les féconder de nouveau.

II

La vertu où je vise est l'abandon ; les actes que je veux faire, des actes d'abandon. C'est, en général, l'abdication de l'amour-propre et des craintes mesquines, des tristesses petites, injurieuses à l'amour de Notre Seigneur pour moi, des retours ou complaisants ou chagrins sur moi-même, et de toutes les indécisions. Telle est l'idée que, pendant deux ans, je me suis faite de *l'Abandon*. Et quand je regarde ces deux ans, que je relis mes papiers là-dessus, mes revues de retraite, mes récollections ; quand je me rappelle les impressions de calme profond, suave, pénétrant, que m'avaient données les découvertes faites sur ce terrain ; je suis tout heureux, je remercie Notre Seigneur et je me confonds. Et même quand je regarde le fruit obtenu dans le cours des deux années, je suis heureux presque autant. Mon JÉSUS, vous jugez seul de mon mérite ; mais

assurément cette élection m'a donné, quelque faible-
ment que je l'aie pratiquée, beaucoup de calme et
de joie pour vous imiter dans ma vie de juvéniste.

Et pourtant j'ai vécu sur une équivoque. Je pre-
nais le mot abandon dans un double sens, dont le
second seul est le vrai. Les besoins de mon âme, et
l'instinct qui fait deviner l'occasion du sacrifice m'ont
gardé de tout préjudice dans l'usage d'une notion
confuse. Je sentais pourtant que j'étais loin de la
clarté parfaite. Maintenant que, grâce à DIEU, j'ai
confiance d'avoir l'équivoque éclaircie, je garde les
deux choses que je faisais rentrer dans la même
dénomination, à savoir l'abnégation et l'abandon pro
prement dit.

L'abandon. — Ses deux éléments.

L'abandon proprement dit, c'est la remise, la
cession de nous-mêmes et de la disposition de
nous-mêmes dans l'avenir, cession faite de confiance
entre les mains de JÉSUS. C'est encore tout ce qui en
découle directement, comme recevoir tout de la main
de JÉSUS avec bénédiction, lutter contre les tristesses
et les craintes, etc. — Tout ceci est véritablement
l'abandon, c'est-à-dire, la remise faite de confiance.
On dit ainsi à quelqu'un : « Je m'abandonne à vous
du soin, ou pour le soin de ma subsistance. Je vous

abandonne mes biens à gérer pour moi, sûr que vous le ferez d'une façon irréprochable. »

Maintenant, ce que j'appelais abandon improprement, c'est tout simplement le renoncement actuel ou voulu d'avance à tout plaisir naturel, en tant que motif principal d'agir ou que plaisir dans l'action même ; renoncement, abnégation faite dans deux cas, quand ce plaisir serait contraire à la loi de DIEU, ou quand il nous troublerait, signe qu'il serait déréglé. — J'appelle aussi abandon, mais plus indirectement encore, la mise à sa place du plaisir naturel, c'est-à-dire sa subordination actuellement opérée, l'action de le mettre au rang d'auxiliaire précieux, mais secondaire. C'est, — l'image me semble claire, — ramener à sa chambrée un simple soldat qui veut usurper le cabinet de son colonel.

Ce dernier abandon, qui est proprement l'abnégation pure, peut s'appeler abandon cependant, au sens absolu du mot, en éliminant toute idée de personne à qui l'abandon se ferait ! C'est ainsi que l'on dit : « Abandonnez ce projet, il est ridicule. Je l'ai abandonné à son malheureux sort. » — Si je dis : « Ce plaisir, mon JÉSUS, je vous l'abandonne, » c'est mal parler, ou, si à la rigueur c'est français, *Vous* est très elliptique et signifie *pour l'amour de Vous*. D'ailleurs ici, il peut se supprimer. Dans l'autre sens « Mon avenir, je *Vous* l'abandonne, » *Vous* est nécessaire au sens.

Mis en parallèle, mes deux *abandons* deviennent on ne peut plus clairs. L'un va à supprimer tout consentement à une crainte d'avenir, l'autre à purifier la volonté dans le moment présent. L'un vise surtout les impressions, l'autre l'action même. L'un produit surtout dans l'âme une attitude reposée et pacifique ; l'autre la met tout entière en branle, en combat, parfois en état de siège.

Je vois donc, que, avec la grâce de JÉSUS, si la pratique de ce double abandon est chez moi ce qu'il la veut, j'arriverai,— osé-je bien le dire ? — à l'activité facile, à la force suave, à la lutte calme, c'est à dire à l'état le plus propre à la germination de toute vertu. Oh ! mon JÉSUS, si vous-même ne me disiez : c'est là ton élection, je ne le croirais pas, je dirais : « C'est trop beau pour moi. » Non, mon JÉSUS, je ne veux pas parler ainsi. Faites de moi tout ce que vous voudrez. Quand je serais un grand saint ! Et après ? Ne reste-t-il pas que vos dons seuls m'auraient fait tel, que certainement vous auriez mis à l'œuvre commune bien plus que moi, que mon œuvre propre serait le péché, le péché encore, — et quel péché, ô mon JÉSUS, — et que je ne serais pas encore absolument assuré de me sauver ?

Ces deux abandons ont-ils un lien logique ? une unité bien claire ? Non ; je ne le crois pas. Le seul lien naturel que je vois entre eux deux est faible, quoique exact : tout deux sont un renoncement ; l'un au plaisir naturel de se gouverner par soi-même : c'est l'abandon véritable ; l'autre à la complaisance naturelle, dans les joies de l'esprit ou du cœur : c'est l'abnégation.

Il ont encore une unité, une unité pratique ; plus vraie, dans les faits, l'unité qui fait l'à propos de leur réunion dans ma vie spirituelle : c'est la volonté de DIEU, avec toutes les intentions qu'il se propose, les besoins auxquels il veut subvenir, les progrès qu'il veut me faire faire. C'est le lien qu'ont deux fleurs disparates dans l'intention de leur maître : ce sont les deux fleurs qu'il aime, les deux qu'il veut sur ce terrain, les deux par où il veut varier la monotonie de cette plate-bande ; ce sont encore ces deux fleurs qu'il veut faire arroser avec l'eau la plus pure, la plus limpide qui fût jamais, c'est-à-dire la pensée de JÉSUS.

En somme, la pensée de JÉSUS faisant germer ce double abandon, afin de m'amener à l'activité facile dans sa voie.

Au détail maintenant. Mon JÉSUS, je vous le demande au nom de votre gloire, montrez-moi bien les occasions où j'aurai à pratiquer l'abandon.

Premier élément de l'abandon.

L'abandon-abnégation d'abord. Je veux finir par la partie la plus douce, afin de finir par un acte de doux repos dans votre volonté tout aimable.

Léon Besnardeau.

Pour l'amour de vous, mon JÉSUS, je renonce à rien faire *en vue du plaisir*. Je chasse le plaisir de mes intentions premières. Non, rien qui soit purement pour le plaisir. Dans les choses graves, c'est clair : — rien par pur désir de conquérir une affection trop tendre, ou de la montrer en moi, gestes, paroles, regards, actions, etc.; rien pour me procurer à la dérobée une trop forte jouissance du cœur, jouissance qui parfois soit exposée à aller plus loin. Cela est grave pour moi, et à cause du vœu que j'ai fait, ô mon JÉSUS, de ne chercher de consolation du cœur qu'en vous ; grave, même sans cela, au jugement de mon cœur, qui par là ferait pour vous acte d'indifférence, d'infidélité.

Rien non plus pour le plaisir seul, dans les choses légères, mais qui me troublent et par conséquent sont déréglées. Je renferme là les petites occasions qui, de près ou de loin, pourraient me mener à enfreindre ma promesse sacrée.

Je viens de parler du plaisir du cœur. Je veux parler aussi du plaisir de l'esprit. Rien en vue d'une perfection que tous applaudissent, ou même que moi seul je reconnaisse avec complaisance en mon particulier.

Cela était pour l'intention, avant l'action, ou plutôt avant l'issue de l'action, car pendant l'action la règle dure. L'action une fois arrivée heureusement à son terme, soit travail intellectuel, soit relations affectueuses avec qui que ce soit, je veux, ô mon JÉSUS, *n'accepter le sentiment du plaisir que parce que c'est votre volonté*, et non parce que je suis heureux de le sentir. Le cas est pratique, après un succès en classe, au réfectoire (sermon ou chanson,) en communauté (relations avec la communauté en général, ou tel frère spécialement), en société (relations avec la famille ou le monde), même dans le simple emploi matériel de nos journées.

Voilà pour le cas du succès. Dans l'insuccès, soit du cœur, soit de l'esprit, soit actuel et de ce moment, soit habituel, passé en usage, *consentir à cet insuccès avec beaucoup de plaisir*. C'est renoncer à ce que je n'ai pas ; soit parce que de fait DIEU me l'a refusé, soit que les hommes me le refusent. J'entends par là surtout les dons de l'intelligence et de la sainteté, moins ceux du cœur, mais un peu aussi. Consentir à me savoir incapable, à ne pas compter, à n'être pas consulté, à ne pas avoir plus que DIEU ne veut.

Je veux, et cela rentre encore dans le même ordre d'idées, *aller avec décision au-devant de toute privation qui approche*. Là vient tout le chapitre de l'indécision et des faiblesses où elle m'a entraîné. Elle est dans mon caractère ; et il ne faut rien moins que la pensée assidue de JÉSUS et le motif que je vais dire pour m'armer contre elle. L'indécision règne dans ma prière, dans mon travail et dans l'emploi de mon temps. Elle est un peu dans la fixation de mes projets, elle est surtout dans l'exécution. Non, soyons décidé, c'est à dire : acceptons l'abnégation, avec pleine volonté, entrain et joie. Les deux grands inconvénients du contraire seraient de faire perdre du temps et d'affaiblir le nerf de l'âme : la volonté.

Jusqu'ici je me suis trompé : je n'ai pas accordé assez à la volonté, même en théorie. Elle peut plus que je ne le croyais. Saint Ignace, une fois la grâce de DIEU demandée et son concours assuré, procède par la volonté: *id quod volo.... a quo se vult corrigere..... volendo exhilarescere.... velle se tristari. etc. etc....* — Moi-même je l'ai vu, pour ma petite part au moins, pendant ce mois (vacances et retraite) : après avoir prié beaucoup plus il est vrai qu'à l'ordinaire, j'ai de fait voulu davantage, et j'ai obtenu mieux. A DIEU ne plaise qu'en louant ainsi la volonté, je veuille faire de moi une machine productive, un homme à décisions ; non : c'est un simple avertissement pour les moments d'indécision. Comme d'ailleurs une seule chose doit être habituellement en ma pensée : JÉSUS, il n'y a pas d'inconvénient à craindre.

Qualités de cette décision : joie, calme, humilité, confiance et simplicité. J'appuie sur ces deux dernières qualités. Confiance, parce que cette décision sera produite autant par le véritable abandon, (sinon davantage) que par l'abnégation. Simplicité, car, sans que j'y prenne garde la décision peut paraître

assurance, — je parle des rapports de société, conduite à tenir dans des moments difficiles, devant une
détermination sérieuse à prendre, etc.; — oui, assurance, ou du moins roideur mécanique, algébrique,
que sais-je ; et il n'y a rien de plus désagréable pour
nos Frères.

Je veux enfin avoir cette décision pour courir
non seulement à la privation qui approche, mais à
toute privation que je me créerai moi-même. Là mon
cœur me parlera, ô JÉSUS : il s'agit de telle petite
mortification soudaine, volontaire, de telle humiliation à laquelle je pourrai m'exposer de moi-même.
Mais là, mon JÉSUS, je parle comme vous le désirez,
sans prétention, presque tout bas. Il est dangereux
d'être parfait par des circonstances qu'on s'est faites ;
il est plus salutaire de courber simplement la tête
quand nous sommes atteints par d'autres.

J'ai donc résolu de me défendre du plaisir, et
même de courir au renoncement. Pourtant je n'éli-
mine pas le plaisir quand il m'est utile et voulu de
vous, mon JÉSUS. Au contraire je prétends l'utiliser
alors et en tirer le meilleur parti possible. Le plaisir
de faire plaisir à mes frères, le plaisir de l'activité
facile,— du succès, conscient de soi-même,— même
des éloges reçus ; autant d'aides presque indispen-
sables pour le travail qui veut être heureux. Le
plaisir d'être aimé, d'aimer, de consoler, la supério-
rité, l'autorité douce et incontestable que ce rôle de

consolateur nous donne : autant d'appuis pour la pratique de la charité. Mais alors, je veux me le répéter, j'accepte le plaisir, je ne le recherche pas ; sans le rechercher, je puis même, jusqu'à un certain point le chercher, dans l'intérêt du but supérieur ; par exemple prendre tel plaisir légitime du cœur, dont j'aurais pu me dispenser, dû même me dispenser, selon mon vœu, — mais qui m'est nécessaire pour ma liberté d'esprit au travail. Mais dans ce cas, point de recherche, de trouble ; rien en dehors des rapports généraux de charité. Il ne s'agit pas là de me faire consoler de mes peines, mais de respirer du bon air, l'air de la communauté, comme les paysans, qui avant la nuit, passent une heure assis ensemble à leur porte, au bon air du soir, qui dilate et fortifie.

Ce sera dans de pareils cas que, si le démon veut me dire : « Tu vois bien que tu recherches ton plaisir, » je devrai lui répondre : « Nec propter te cœpi, nec propter te finiam. »

L'unique cause de mon plaisir sera la volonté de DIEU. DIEU le veut. Tant mieux si cela me coûte. Tant pis et tant mieux si cela me plaît. Et dans cette raison générale d'obéir à DIEU et de me réjouir en DIEU, tous les autres intérêts surnaturels pourront rentrer : ils sont les intentions de DIEU ; je n'ai pas de scrupule de prendre joie à les atteindre. Ainsi, en pratique : la volonté de DIEU et dilater le cœur de mes frères, — la volonté de DIEU et le bien de telle âme, et ma perfection propre, — ce sera un seul et même motif, une seule et même cause de joie.

Et la grande force dont je m'aiderai au moment d'entrer en lutte, mon arme de bataille, où la prendre ? Eh, dans ce que la pensée de JÉSUS me dira ce jour-là, et à cette heure-là. Il s'agira alors de ressembler, d'imiter, de rendre paiement de sacrifices et de souffrances. L'époux très aimant et infaillible, par amour pour mon âme, s'est couronné d'épines, attaché à la croix, est mort. Une femme du monde dit: « J'aime le théâtre, j'aime mon coin du feu, j'aime ceci et cela, j'aime le blanc, le bleu. — Pourquoi ? — Parce que mon mari l'aime. — Eh quoi ? — Mon bonheur est de lui ressembler. » Eh bien, mon âme, ô JÉSUS, aime la croix, aime le langage des épines, du sang, de la mort, parce que vous les aimez et que son bonheur est de vous ressembler. Le rôle de l'épouse est d'aimer, de contempler, de servir en imitant le plus possible.— Cela vaut pour la vie souffrante de Notre Seigneur. Cela peut valoir aussi pour tous les moyens dont se sert la grâce de JÉSUS pour arriver à moi. JÉSUS est humble, par amour pour moi, jusque dans ses communications actuelles avec moi : que sont les Sacrements, l'Eucharistie, le langage paternel de l'autorité, la douce familiarité de mes frères? Tout cela, c'est comme autant de navires petits et frêles en apparence, débarquant sur une

côte sans abri tout l'or et toutes les pierreries de
l'Orient. Marie même, dit la Liturgie, n'était pas
absolument digne de la majesté de DIEU. *Non hor-
ruisti Virginis uterum.* Mais sans aller si loin, le
seul fait que JÉSUS me parle, à moi, qui ai commis
tant de péchés, n'est-ce pas une condescendance, une
humiliation qui demande retour ? Faisons donc abnégation du plaisir : c'est la volonté d'un JÉSUS crucifié.

Deuxième élément de l'abandon.

Maintenant, mon bon Maître, c'est le moment
de dire le festin délicieux que vous me préparez.
Vous voulez que je me repose sur vous des soucis
de l'avenir. Oh ! qui refuserait ? Vous êtes si bon !
Vous m'aimez tant ! C'est au moment de m'abandonner à vous que je goûte avec bonheur, en ma
pensée, toute votre vie dans l'éternité et sur la
terre. C'est la suite de vos dons, la suite de vos
condescendances. Le grand DIEU tout-puissant
m'aime ! Oui ; je dis avec sainte Thérèse : «Il suffit.»
Travaillons dans le présent, et espérons, et restons
quant à l'avenir, à l'avenir du mois qui va venir, du
jour, de l'heure, du petit « *quart d'heure* » qui est
si près de moi, dans une sécurité parfaite, comme le
brin de mousse sous le gros rocher, comme la cita-
delle de Sion entourée de ses collines. *Dominus in
circuitu populi sui.*

Par-dessus tous les motifs qui me poussent à l'abandon parfait, c'est la grâce de ces cinq années qui me sollicite et me presse. Cinq années de paix, passées vraiment sur votre cœur, mon JÉSUS, les touches de la grâce les plus suaves ; les violences les plus tendres; des Frères qui par leur amour me parlent si éloquemment de votre cœur ; un bon Père, oui, un bien bon Père, qui m'a aimé jusqu'à souffrir bien plus que moi de toutes mes souffrances ; toutes ces images finies, mais si douces, de l'infinie tendresse de votre cœur ; ce cri qui m'arrive du ciel à toutes les heures, par la voix de mon Père, — au fond de mon cœur, par la voix du Saint-Esprit, — que je me suis si souvent dit à moi-même : « JÉSUS te veut !» — Voilà ce qui dans ces cinq années, mon JÉSUS, me parle puissamment de vous.

Quand donc comprendrai-je que le dernier mot de l'amour, c'est de se livrer, de faire comme le petit enfant à qui son père veut faire peur en le balançant de toute la force de son bras à droite et à gauche, comme pour le lancer et le briser contre les murailles, et qui sourit en disant : « Oh ! je sais bien que tu ne me feras pas de mal. » Oui, JÉSUS faites moi comprendre que c'est bien là le dernier mot ; que le moindre manque de confiance est une défiance, que la moindre hésitation, au moment de me remettre en vos bras, est injurieuse à votre cœur.

Est-ce que le Cœur de JÉSUS est comme mon cœur?

est-ce qu'il se reprend, une fois donné ? est-ce qu'il
se méfie, lui ? Oh ! quand comprendrai-je la différence qu'il y a entre le Cœur de JÉSUS et le mien ?
et comment le Sacré-Cœur est toujours prêt à par-
donner et à bénir.

Oui, JÉSUS me veut ; c'est-à-dire qu'il veut la
pleine cession de moi-même. Aidez-moi, mon JÉSUS,
à me rendre bien compte de votre volonté.

Vous voulez mon salut, cela est certain ; vous voulez ma perfection dans la Compagnie : cela encore
est certain. Vous avez fixé un plan de perfection que
vous m'aiderez petit à petit à atteindre, si je suis
fidèle. Pour la réalisation de ce plan, votre grâce ne
me manquera pas, j'aurai tout ce qu'il me faudra :
c'est encore certain. Vous me demandez, mon JÉSUS,
que, sur la foi de ces vérités, je renonce à tout sentiment de trouble qui pourrait envahir mon âme sur
l'avenir, que je vous en établisse le maître, et que
je ne m'en préoccupe plus, sûr qu'avec votre amour
et votre grâce je vaincrai les obstacles et les tentations au moins la plupart, — et que je plairai à
votre Cœur.

Il me faut donc, ô mon JÉSUS, renoncer à toute
préoccupation de l'avenir. Je veux y renoncer. Cet
avenir est tout proche de moi : c'est mon étude de
tantôt, la classe de ce soir, le règlement de demain,
c'est, mon JÉSUS, l'issue de ce travail d'élection.
Qu'en sera-t-il ? l'étude se promet bien difficile, la

classe bien ennuyeuse, la journée de demain bien monotone ; la conclusion de cette élection, — c'est un fait actuel, — me donne des doutes ; il faudra peut-être corriger, enlever toute la première division de ma seconde partie. Allons ! point de crainte. L'heure venue ce qu'il faudra faire sera montré. Restons à bénir DIEU de ce qu'il fera.

Mais le moment d'agir venu, il suit tout naturellement que je dois trouver tout très naturel. S'agit-il de supporter une épreuve ? mais c'est la volonté de JÉSUS, et j'ai la grâce pour en tirer le bien de mon âme. Il n'y a donc lieu à aucun étonnement, mais à une acceptation pleine, heureuse, et bénissante. *Dominus dedit, abstulit, hoc misit : sit nomen Domini Jesu benedictum.* M'engager dans la patience et dans l'épreuve comme dans un bain réconfortant. «C'était attendu, désiré. DIEU sait bien ce qu'il me faut, c'est cela qu'il me fallait. »

C'est dans ce cas que les deux formes d'abandon concourent à me donner la décision ; celle-ci plus encore. Elle me dit : « *Dominus est. Jacta in Domino spem tuam.* » Cette pensée jointe avec l'autre : « *Rends, imite,* » est ce que je sache de plus puissant et de plus doux. Voilà pour l'action.

Après l'action faite, plus de crainte sur sa qualité ; plus de doute, d'appréhensions, de regrets. « Tout cela resserre le cœur, dit JÉSUS ; c'est inutile. Pourquoi es-tu inquiet ? à cause des conséquences de telle faiblesse pour l'avenir ? mais ton avenir ne regarde que moi. A cause de l'imperfection qu'elle révèle en toi ? Mais c'est une bonne humiliation, préparée par moi, envoyée par moi ; pour elle j'ai permis la faute. Tire de là tout le fruit qui s'y trouve contenu. Si la honte te resserre, oublie tout et pense à moi. Si tu as un désir sincère d'avoir un saint avenir, penses-tu que je ne puisse par de nouvelles grâces effacer toutes les taches de ton passé ? *Extende te ad futura.* Bénis-moi, repose-toi sur moi!... »

Oui en tout, mon JÉSUS, le repos...

Allons donc ! soyons au présent, voyons-le venir, acceptons-le avec bénédiction, tâchant d'y faire fructifier au centuple, par le sacrifice, la grâce que JÉSUS y a déposée.

O mon doux Maître, ce que j'écris là n'est point aussi clair que je le voudrais ; pourtant, malgré mon infirmité, je veux dire ceci : mon avenir étant résigné entre vos mains, et mon unique désir étant dès lors votre volonté, l'accepter quand elle vient, comme une chose attendue, souhaitée, la couvrir de bénédictions : voilà pour le présent ; — pour l'avenir, ne s'en pas préoccuper ; — pour le passé, ne pas le déplorer avec découragement ; ce serait me défier de JÉSUS. En tout, calme, repos.

Voilà donc, ô JÉSUS, mon élection. Merci de la part de bien qui se trouve en cette rédaction. Le reste est l'œuvre de mon impuissance ; elle vous loue à sa façon.

Elle est bien belle. Quand je voudrai m'en vanter dans mon cœur, que je tâche de répondre à cette question : « Et après ? »

Elle me semblera par moments bien difficile : « Et après ? »

Impossible, trop haute pour moi ; « Non. »

En voici le *résumé* en quelques lignes : obtenir, par la pensée habituelle de JÉSUS, la force de pratiquer l'abandon, c'est-à-dire :

1° de renoncer au plaisir, d'aller au-devant des privations de toute sorte, d'utiliser sagement le plaisir, et cela pour me rendre semblable à JÉSUS ;

2° d'abandonner mon avenir entre ses mains, pratiquement, de ne pas m'effrayer d'avance, d'accepter le présent avec bénédiction, et de ne pas m'attrister du passé ; — cela parce que JÉSUS m'aime et veut une absolue cession de moi-même à son amour.

Une journée où j'aurai bien pratiqué mon élection sera telle :

... Le matin, à la visite, j'aurai proposé et prié ; prié encore à 10 h. 1/2.

... A ma récollection je me serai fait ma composition de lieu et dit mon texte.

... Je me serai rappelé l'image et le texte à la fin de toutes mes visites et pendant les allées et venues.

... J'aurai fait, en fait d'abnégation et d'abandon, tout ce qui m'aura été possible, sans me préoccuper d'en chercher les occasions.

... Je me serai deux fois jugé à l'examen sur ce dernier point, en passant en revue les exercices de la journée ; et deux fois j'aurai prévu les occasions de pratiquer mon abandon, et j'aurai pris un ferme propos.

JÉSUS, Marie, St Joseph, et toute ma famille du ciel, soyez bénis. Je ne veux qu'une chose : *penser à Jésus*.

1884, 24 août, 7 h. 25, fin du souper.

XII

Acte d'Acceptation.

18 décembre 1885.

MON bon JÉSUS, voilà tantôt huit mois que je lutte avec mon mal de tête. Soyez béni, et de vos persécutions miséricordieuses, et de mes impuissances. Je voulais écrire à ce sujet un mot qui me soutînt dans l'avenir.

Quel est donc l'avenir qui m'attend ? Activité pour la gloire de DIEU ? Mais alors... mais je ne veux d'inconvénient à rien de ce que DIEU peut m'envoyer car, il y a avec le moment la grâce du moment.

DIEU est, pour qui le cherche, dans tout ce qui arrive par son ordre ou sous sa permission.

Je souffrirai donc ; ce sera, je voudrais me faire à cette idée, l'inaction avec toutes ses amertumes humaines. Mais ici encore, je ne veux pas m'étendre sur le côté difficile.

Regarder le côté radieux et divin des choses. L'homme souffrant est un apôtre très actif. Le nombre des âmes que DIEU cède à ses mérites, leur perfection : quelles pensées à savourer ! Grâce à mes mérites il y a aujourd'hui, quelque jour du moins, tel enfant qui reçoit le baptême, qui entre pour ainsi dire sous ma conduite dans la famille de DIEU — ou bien un pécheur qui reçoit la grâce d'une contrition fervente — ou bien un mourant dont l'âme forcenée est vaincue enfin par un trait tout-puissant, et aime DIEU à son dernier soupir.

O JÉSUS, ô Marie, que ces pensées accompagnent mes heures d'oisiveté douloureuse !

Surtout accordez-moi, Mère et Frère bien-aimé, de me rappeler efficacement la sainteté et la convenance absolue des volontés de DIEU. DIEU veut ceci, quelle irréflexion, quelle légèreté digne d'un enfant, que de faire difficulté ! DIEU voudra ceci : même inadvertance puérile à m'en troubler. Mais le tout est de penser que DIEU le veut. O JÉSUS, ô Marie, aidez-moi à y penser. Je ne veux vous dire, à vous tous deux, en finissant, qu'un mot : ayez pitié de votre enfant, puisque, malgré mes péchés et mon peu de repentir, je suis réellement votre enfant.

XIII

Le cri d'une âme (*).

> Toute sa vie et toute son âme peuvent se résumer dans ces mots qui jaillissaient souvent de ses lèvres : O Jésus ! Jésus ! Jésus !

I.

Sur son front baptisé quand les cloches sonnèrent,
Jésus l'enveloppa d'un long regard d'amour ;
Et sous ce long regard l'enfant, l'enfant d'un jour,
Tressaillit ; et tout bas les Anges s'étonnèrent :
Car les souffles, jouant dans ses légers tissus,
Doucement murmuraient : « Jésus ! Jésus ! Jésus ! »

2.

Ce nom fut le premier qui fleurit sur sa bouche.
    Quand le chaud baiser du soleil,
L'éveillait, au matin, de son léger sommeil,
Quand le soir il posait la tête sur sa couche,
Dans ses plaisirs naïfs ou ses espoirs déçus,
Toujours, comme d'un lis où l'abeille butine,

(*) Cette pièce fut écrite peu de temps après la mort du F. Besnardeau par un de ses frères en religion et de ses compagnons d'études. Je la cite comme reproduisant bien l'impression laissée à tous par cette vie et cette mort.

Les Anges recueillaient sur sa lèvre enfantine,
Le nom plus doux que miel : « JÉSUS ! »

3.

Le Maître l'attirait de sa main souveraine ;
Dans son simple chemin il marchait radieux ;
Et quand l'heure sonna de pénibles adieux,
Une ombre courut bien sur cette âme sereine,
Mais pesant tant d'amour et de bienfaits reçus,
Elle ne dit qu'un mot : « JÉSUS ! JÉSUS ! JÉSUS ! »

4.

Parmi nous il passa comme un songe rapide. —
    Je vois encor cet air de paix ;
Je vois, aux jours d'angoisse ou de nuage épais,
Se reposer sur moi son beau regard limpide.
Sans desseins calculés ni longuement conçus,
Simple comme un enfant, calme et pur comme un ange,
Il allait, répandant sur tous un charme étrange ;
    Son seul aspect disait : « JÉSUS ! »

5.

Un jour le mal frappa cette chère victime ;
A la mort qui venait, il sourit doucement ;
Et dans ses longs ennuis, presque à chaque moment,
Laissant jaillir le flot de son amour intime,
L'œil perdu dans les cieux qu'il avait aperçus,
Il s'écriait soudain : « JÉSUS ! JÉSUS ! JÉSUS ! »

6.

Et vers JÉSUS, l'enfant s'est enfui d'un coup d'aile :
    Pour sa cour le Roi l'a voulu.
Simple comme en sa vie et beau comme un élu,

Léon Besnardeau.

Nous l'avons contemplé sur sa couche mortelle ;
Et devant moi, le Ciel s'est ouvert au-dessus
De ce corps bienheureux dormant dans sa victoire :
Et l'enfant répétait, paisible dans sa gloire,
　　Le cri de son amour : « JÉSUS ! »

J. A. J.

SOCIÉTÉ SAINT-AUGUSTIN. — DESCLÉE, DE BROUWER ET Cie.
Imprimeurs des Facultés Catholiques de Lille.

TABLE DES MATIÈRES.